RESPONSABILIDADE INTERNACIONAL DO ESTADO POR DANO AMBIENTAL

ALESSANDRA NOGUEIRA REIS

RESPONSABILIDADE INTERNACIONAL DO ESTADO POR DANO AMBIENTAL

Fechamento desta edição: 30 de novembro de 2009

ELSEVIER

CAMPUS
JURÍDICO

Copidesque: Renato de Mello Medeiros
Revisão Gráfica: Marcelo Dias Almada
Editoração Eletrônica: Tony Rodrigues

Elsevier Editora Ltda.
Conhecimento sem Fronteiras
Rua Sete de Setembro, 111 — 16º andar
20050-006 — Rio de Janeiro — RJ

Rua Quintana, 753 - 8º andar
04569-011 - Brooklin - São Paulo - SP

Serviço de Atendimento ao Cliente
0800 026 53 40
sac@elsevier.com.br

ISBN: 978-85-352-3762-7

Nota: Muito zelo e técnica foram empregados na edição desta obra. No entanto, podem ocorrer erros de digitação, impressão ou dúvida conceitual. Em qualquer das hipóteses, solicitamos a comunicação à nossa Central de Atendimento, para que possamos esclarecer ou encaminhar a questão.
Nem a editora nem o autor assumem qualquer responsabilidade por eventuais danos ou perdas a pessoas ou bens, originados do uso desta publicação.

Cip-Brasil. Catalogação-na-fonte
Sindicato Nacional dos Editores de Livros, RJ

R298r

Reis, Alessandra de Medeiros Nogueira
Responsabilidade internacional do Estado por dano ambiental / Alessandra de Medeiros Nogueira Reis. - Rio de Janeiro : Elsevier, 2010.

Inclui bibliografia
ISBN 978-85-352-3762-7

1. Responsabilidade por danos ambientais. 2. Responsabilidade do Estado (Direito internacional público). 3. Direito ambiental internacional. I. Título.

09-5624. CDU: 341.236:349.6

Ao Paulo, meu marido, por estar sempre presente
ajudando-me a tornar sonhos possíveis.

Às minhas meninas, Isabela e Larissa,
por serem sempre tão companheiras.

Aos meus pais, Álvaro e Ana Maria,
por me ensinarem a perseverança e o valor do estudo.

AGRADECIMENTOS

Ao Professor Cláudio Finkelstein, que se mostrou sempre aberto e disponível para orientar-me na elaboração do trabalho, e por sua contribuição inestimável para meu desenvolvimento acadêmico.

À Malu, por todos os livros que solicitou prontamente à biblioteca.

À Angélica Resende, Maria Mikie Muramoto e toda a equipe da Biblioteca Central da Justiça Federal de São Paulo.

Às amigas, Diana Brunstein, Luciana Ortiz Tavares Costa Zanoni e Sylvia Marlene de Castro Figueiredo, pelo incentivo e apoio durante todo o trabalho.

À Lúcia e ao Cristiano, pelo suporte neste período.

A AUTORA

Alessandra de Medeiros Nogueira Reis é Juíza Federal titular da 11ª Vara – Gabinete do Juizado Especial Federal de São Paulo desde janeiro de 2006. Mestre em Direito das Relações Sociais pela Pontifícia Universidade Católica de São Paulo e graduada pela Faculdade de Direito da Universidade de São Paulo.

PREFÁCIO

É com muito prazer que aceitei o convite da autora, Dra. Alessandra Nogueira Reis, para prefaciar sua obra *Responsabilidade Internacional do Estado por Dano Ambiental*. Desde o início do curso, a Dra. Alessandra, Juíza Federal, o que por si só já a qualifica como uma pesquisadora e aplicadora do direito, demonstrou muito interesse por matérias controvertidas no direito internacional, culminando pela escolha daquela que é, talvez, a mais intrincada de todas. Um híbrido entre o que a prática hodierna optou por chamar de direitos humanos ambientais e sua intersecção com o direito internacional vertical vigente em nossa sociedade globalizada.

A Dra. Alessandra logrou êxito tanto na fase de redação quanto de defesa, obtendo a nota máxima, e com poucos reparos agora disponibiliza a obra à comunidade acadêmica e profissional. Tal obra, como não poderia deixar de ser, sistematiza a visão do direito internacional público na questão ambiental. Questão esta que está no centro das discussões às quais a autora possivelmente se antecipa, vez que, dificilmente, a "Conferência do Clima de Copenhague de dezembro de 2009" trará uma solução definitiva ao problema ambiental global.

Estamos num momento de escrever os padrões ambientais internacionais, aos quais os Estados deverão se adequar, visando garantir, à nossa e às próximas gerações, um meio ambiente efetivamente sadio e livre de interferências danosas.

Ao analisar os ilícitos de forma genérica, caracterizando quais condutas podem e devem ser combatidas, assim como os excludentes de responsabilidade, a Dra. Alessandra traçou um paralelo entre os atuais paradigmas do Direito Internacional com aquele que se avizinha, seja em função de um novo direito a ser erigido pela atuação dos nossos governantes, seja pela força que os novos instrumentos do direito internacional emprestam aos diversos povos do planeta, papel este da *softlaw*, eficazmente analisado e contextualizado ao estudo em questão. Desta forma, matérias amplas como poluição terrestre, marinha e atmosférica, assim como a proteção à biodiversidade, encontraram abrigo neste novo direito internacional, precocemente analisado neste livro.

Na visão da autora, os Tribunais Internacionais têm um papel determinante na fixação dos contornos desse direito e as poucas decisões existentes foram apropriadamente analisadas, o que se mostrou importantíssimo, pois denotam a opinião dos aplicadores desse direito e influenciam tanto os doutrinadores quanto os pesquisadores, que exercem uma função especial na definição dos contornos desse direito. As consequências do descumprimento de tais normas e os excludentes de ilicitude foram analisados e, em arguição, a então candidata defendeu a criação de um Tribunal Internacional de vocação ambiental, especializado nesse novo e cada vez mais importante ramo do direito internacional. Quem sabe na segunda edição este item mereça um capítulo específico e inste as autoridades a empreender esforços nesse sentido.

Em síntese, com a conferência do clima e toda a discussão sobre o aquecimento global, é imprescindível conhecer a fundo os mecanismos disponibilizados pelo direito internacional contemporâneo para, se necessário, obrigar estados recalcitrantes a cumprir com seu papel na constante luta da comunidade internacional por um meio ambiente salutar ou estarmos aptos a responsabilizar aqueles que descumprem com suas obrigações frente outros estados. Esta foi a proposta da Dra. Alessandra, e o que foi prometido efetivamente foi cumprido.

Acredito que esta obra tem todo o potencial para tornar-se uma referência na questão de direito ambiental internacional e certamente o futuro nos dirá se a visão da autora para esse direito que tanto necessitamos e que rapidamente se avizinha a nós está correta. Eu, pessoalmente, espero que sim. Espero que a leitura desta obra seja a você, leitor, tão prazerosa e instrutiva quanto foi a mim, enquanto orientador e presidente da banca.

São Paulo, Novembro de 2009.

Cláudio Finkelstein

Professor e Coordenador da Sub-Área de Direito das Relações Econômicas Internacionais da Pós-Graduação da PUC/SP.

SUMÁRIO

INTRODUÇÃO

Responsabilizar civilmente, em seu sentido jurídico, significa atribuir a alguém a obrigação de reparar os danos causados por sua ação ou omissão.

No âmbito dos direitos internos, o instituto encontra-se bastante desenvolvido, mostrando-se eficaz, sobretudo, em face da existência de um poder central, capaz de proceder à execução forçada de bens do devedor caso este não cumpra a obrigação de reparar o dano causado.

No âmbito internacional, entretanto, o instituto foi negligenciado por algum tempo. Não há muitas obras específicas sobre o tema, e nos manuais de direito internacional costumam ser breves os capítulos dirigidos a essa questão.

A falta de exame mais profundo sobre a matéria se explica. Até pouco tempo atrás, o instituto não se mostrava eficaz justamente porque, na comunidade internacional, inexiste um poder central, nos moldes do direito interno, hábil a forçar o devedor a reparar o dano sem que, com isso, se interfira na soberania dos Estados.

O mundo, porém, tem se transformado. Em tempos mais antigos, a industrialização e a sociedade de massa, e mais recentemente o advento da Internet e a intensificação da globalização modificaram a visão que cada Estado tem dos problemas atinentes ao restante da comunidade internacional.

Passou-se, no âmbito internacional, a um novo paradigma, que prioriza o direito de cooperação. Assim, os problemas antes atinentes a um Estado soberano dentro de seu território adquiriram dimensões globais e são objeto de preocupação de toda a comunidade, que sofrerá como um todo suas consequências.

É o caso da atual crise norte-americana. É o caso dos direitos ambientais. E é também o que justifica a retomada do instituto da responsabilidade internacional do Estado, já que, dadas as características da época atual, quando cadeias de produção transcendem, não raras vezes, o território de um só Estado e o comércio internacional mostra-se como um dos grandes fatores de desenvolvimento para as nações, os danos causados também transcendem fronteiras, sendo, por vezes, difícil determinar a quem atribuir a obrigação de reparar.

O tema da responsabilidade internacional do Estado é, portanto, de relevância, já que responsabilizar implica atribuir a outrem a obrigação de reparar e, sem sombra de dúvidas, a atribuição de obrigação, quando se trata de entes soberanos como os Estados, pode significar invasão da soberania.

Assim, embora estejamos falando da comunidade internacional, onde inexiste, em regra, um poder soberano ditando normas e com instrumental necessário para eficazmente imputar a alguém a obrigação de reparar o dano, o tema não perde sua importância.

No mundo quase sem fronteiras em que vivemos, o simples fato de não reparar o dano causado acarreta o peso da opinião pública, das sanções econômicas, a reação do mercado.

Tratando-se de dano ambiental, o tema adquire ainda maior importância. O meio ambiente está diretamente ligado à economia, à luta contra a escassez de recursos e ao desenvolvimento, e, dessa forma, a responsabilidade por dano ambiental encontra-se diretamente relacionada à obrigação primária de prevenção e ao princípio da precaução, expresso na Declaração do Rio de Janeiro sobre Meio Ambiente e Desenvolvimento, segundo o qual "onde existam ameaças de riscos sérios ou irreversíveis não será utilizada a falta de certeza científica total como razão para o adiamento de medidas eficazes em termos de custo para evitar a degradação ambiental".

É, entretanto, necessário pontuar que, no campo da responsabilidade internacional do Estado por ato ilícito, não há qualquer regulamentação em vigor adotada pelos países, embora a Comissão de Direito Internacional (CDI) da Organização das Nações Unidas (ONU) tenha aprovado um "Draft" de artigos sobre o tema, no qual nos basearemos neste trabalho, pois, ainda que não esteja em vigor e esteja pendente de assinaturas, compila as mais balizadas opiniões doutrinárias sobre o assunto, tendo também considerado a evolução da jurisprudência internacional.

Reforçamos que o mencionado Draft servirá como diretriz, já que revela a tendência doutrinária e jurisprudencial do momento atual, mas, não estando em vigor, não se afigura obrigatório, e, existindo uma pendência internacional envolvendo responsabilidade, as disposições do Draft apenas revelam as normas internacionais advindas do direito costumeiro, a posição da doutrina e da jurisprudência, mas não têm força de tratado internacional.

O Draft sobre responsabilidade internacional do Estado por ato ilícito, além de nos revelar a posição atual do direito internacional sobre o tema, leva-nos também à formulação de algumas questões, as quais procuraremos solucionar no decorrer do trabalho. Vejamos: A responsabilidade por ato ilícito lá tratada independe de culpa? Seria possível aplicar as disposições do Draft a questões ambientais? Neste caso, são admitidas excludentes de responsabilidade? A ocorrência de dano é imprescindível para que se dê a responsabilidade, ou bastaria a violação a uma norma internacional a que está obrigado o Estado? E o descumprimento de *soft law*, acarreta a responsabilização internacional do Estado?

Ainda, uma vez que nosso tema diz respeito especificamente à responsabilidade por dano ambiental, faremos um breve histórico sobre a evolução do direito ambiental, o que se torna necessário para explicar por que essa matéria, antes atinente à esfera local de cada Estado, assumiu dimensões globais, e as consequências trazidas por este posicionamento à soberania dos Estados.

Serão também brevemente expostas a posição do direito pátrio em relação ao meio ambiente e a influência que nosso direito interno pode ter na responsabilização ou não do Brasil em âmbito internacional.

Uma vez abordados os elementos da responsabilidade, os atos que a geram e suas excludentes, trataremos da reparação dos danos. Aqui também seguiremos o Draft da Comissão de Direito Internacional da ONU, já que se mostra extremamente didático e abarca todas as formas pelas quais se pode dar a reparação do dano.

A reparação do dano ambiental tem suscitado conflitos tanto em âmbito interno quanto em âmbito internacional. O dano ambiental possui características próprias: pode transcender fronteiras e associar fatores (poluição e condições climáticas, por exemplo), o que dificulta a imputação de responsabilidade e a avaliação da extensão dos danos. Além disso, o meio ambiente tem um valor intrínseco nem sempre passível de mensuração econômica. Dadas essas características, verificaremos qual a melhor forma de reparar o dano ambiental e, caso seja necessária a mensuração econômica, quais os problemas encontrados para a avaliação.

Examinando o tema da responsabilidade do Estado por ato ilícito, trataremos da responsabilidade do Estado por atividades lícitas que, por sua natureza, apresentam riscos ao meio ambiente.

Quanto a esse tipo de responsabilidade, por derivar de tratados e, portanto, por existir sobre o tema normas escritas expressas, procuraremos analisar os principais tratados, ressaltando pontos em comum e particularidades, expondo, por fim, os motivos que nos levam a pensar que a responsabilização objetiva é a que melhor se aplica à questão ambiental.

Tendo em conta a necessidade de proteção do meio ambiente e a influência do comércio internacional no desenvolvimento dos Estados, tornou-se comum, na atualidade, a criação de barreiras comerciais com fins ambientais, nem sempre legítimos, o que tem levado a Organização Mundial do Comércio (OMC) a manifestar-se sobre questões ambientais.

Verificaremos, dessa forma, algumas questões de cunho ambiental que foram levadas à OMC para discussão, entre elas, por exemplo, o recente litígio entre Brasil e União Europeia acerca da proibição, pelo Brasil, da importação de pneus remoldados.

Neste panorama, em que interesses econômicos e proteção ambiental se mesclam e confundem e, ao menos em teoria, desenvolvimento e meio ambiente devem andar "de mãos dadas", nos termos do princípio 2 da Declaração do Rio de Janeiro sobre Meio Ambiente e Desenvolvimento,[1] pergunta-se se as decisões da Organização Mundial do Comércio atendem ao desenvolvimento sustentável e à necessidade de proteção do meio ambiente ou se, ao contrário, urge fortalecer o sistema da responsabilização internacional dos Estados por dano, em especial o dano causado ao meio ambiente.

Procuraremos, no decorrer do trabalho, seguir a ordem de temas apresentados no Draft sobre responsabilidade internacional do Estado por ato ilícito, acrescentando, sempre que possível, exemplos de casos práticos decididos pelas Cortes internacionais ou que, embora de âmbito interno, apresentem interesse para o estudo ou repercussão internacional.

Uma vez que, no que toca à responsabilidade do Estado por ato ilícito, adotaremos como guia o Draft da CDI, nos basearemos, nesta parte da matéria, nas premissas e nos posicionamentos de seu principal relator, Roberto Ago, que formulou a noção de ato ilícito e fixou as bases da concepção do projeto em oito relatórios, até hoje mantidos e adotados pela Comissão de Direito Internacional.

Importante destacar também, por sua relevância para o estudo do tema da responsabilidade no âmbito internacional, que, no que toca à relação entre direito internacional e direito interno, somos favoráveis à adoção da posição monista, segundo a qual as normas de direito internacional aplicam-se diretamente ao direito interno. Exporemos, ainda, por que esta posição nos parece a mais favorável à pacificação

1. Princípio 2: "Os Estados, de acordo com a Carta das Nações Unidas e com os princípios do Direito Internacional, têm o direito soberano de explorar os seus próprios recursos de acordo com as suas políticas de ambiente e desenvolvimento próprias, e a responsabilidade de assegurar que as atividades exercidas dentro de sua jurisdição ou controle não prejudiquem o ambiente de outros Estados ou de áreas para além dos limites da jurisdição nacional".

da comunidade internacional, apresentando menores riscos à responsabilização internacional de um Estado.

Finalmente, embora se reconheça sua importância, a responsabilidade criminal não será analisada neste trabalho, o qual se concentrará na responsabilização e reparação do dano civil, por ser este, especificamente, que trará maiores consequências às relações econômicas entre os Estados e as influenciará diretamente.

CAPÍTULO 1

DIREITO INTERNACIONAL E MEIO AMBIENTE

1.1 A EVOLUÇÃO DA PROTEÇÃO INTERNACIONAL DO MEIO AMBIENTE E SUA RELAÇÃO COM OS DIREITOS HUMANOS

A proteção internacional do meio ambiente é considerada, ao lado da proteção internacional dos direitos humanos, um dos grandes temas do moderno direito internacional.

Ambos os temas desenvolveram-se no período pós-Segunda Guerra Mundial e apresentam semelhanças e contradições, e por vezes se confundem, na medida em que o direito ao meio ambiente sadio é corolário para que seja assegurado o direito à vida.

No que toca aos direitos humanos, o sistema internacional de proteção começou a se desenvolver com a criação da ONU, em 1945, como reação aos abusos cometidos pelo nazismo no período do Holocausto.[2]

Antes disso, a agenda internacional não se ocupava de questões humanitárias, que só vinham à tona em casos de guerras, mas eram prontamente esquecidas quando se levantava o problema da soberania absoluta dos Estados e da impossibilidade de ingerência de um Estado na soberania de outro.[3]

Em 1948 foi aprovada a Declaração Universal dos Direitos do Homem, a qual ensejou o surgimento de diversos tratados tendo como objeto a proteção dos direitos fundamentais do indivíduo.

---

2. Mazzuoli, Valério de Oliveira. A proteção internacional dos direitos humanos e o direito internacional do meio ambiente. *Revista de Direito Ambiental*, São Paulo, RT, n. 34, ano 9, abr./jun. 2004, p. 97-123.
3. Idem. A proteção internacional dos direitos humanos e o direito internacional do meio ambiente, cit., p. 100.

Uma vez evidenciada, no período pós-Segunda Guerra, a necessidade de proteção do ser humano, o foco da comunidade internacional sobre as questões ambientais foi praticamente uma consequência, já que a preservação ambiental está diretamente relacionada à preservação da vida e saúde da população.

Observe-se, entretanto, que o reconhecimento dos direitos elencados na Declaração Universal dos Direitos do Homem resultou de uma evolução histórica. Como já mencionado, a preocupação humanitária estava inserida em um momento histórico de pós-guerra. A preocupação com o ambiente, entretanto, era incipiente na época, o que justifica o direito ao meio ambiente não ter constado no rol dos direitos humanos fundamentais.

Avançando para 1960, o mundo vivia o período da Guerra Fria e havia a constante ameaça de destruição do planeta por armas nucleares.

Por outro lado, as relações internacionais estavam mais democráticas e a opinião pública passou a ter peso na realização – e no controle da aplicação – de tratados internacionais.

Acresça-se a esse panorama a ocorrência de acidentes ambientais de vulto, como derramamentos de petróleo no mar e vazamentos de nuvens tóxicas, os quais passaram a chamar a atenção da comunidade internacional para a exigência de preservação do ambiente como meio de assegurar a saúde pública dos Estados.[4]

Foi, porém, em 1972, com a Declaração de Estocolmo, que se lançaram as bases do atual direito internacional do meio ambiente.

À semelhança da Declaração dos Direitos do Homem, a Declaração de Estocolmo estimulou a proliferação de diversos tratados internacionais envolvendo questões ambientais. Ao mesmo tempo, evidenciou que questões ambientais não se restringem à esfera local, afetam o tempo presente e futuro e ultrapassam limites territoriais, devendo, portanto, ser globalizadas.

Tanto é assim que o princípio 1 da Declaração de Estocolmo, ao assegurar o direito fundamental do homem à liberdade e à igualdade e ao desfrute de condições de vida adequadas, também dá a ele a obrigação de proteger e melhorar o ambiente não apenas na geração presente, mas também para as gerações futuras.[5]

---

4. Soares, Guido Fernando Silva. *Direito internacional do meio ambiente*: emergência, obrigações e responsabilidades. São Paulo: Atlas, 2001, p. 45.

5. Princípio 1 da Declaração de Estocolomo: "O homem tem direito fundamental à liberdade, igualdade e ao desfrute de condições de vida adequadas, em um meio ambiente de qualidade tal que lhe permita levar uma vida digna, gozar de bem-estar, e é portador solene de obrigação de proteger e melhorar o meio ambiente, para as gerações presentes e futuras. A esse respeito, as políticas que promovem ou perpetuam o 'apartheid', a segregação racial, a discriminação e a opressão colonial e outras formas de opressão e de dominação estrangeira permanecem condenadas e devem ser eliminadas".

A obrigação de proteção do meio ambiente não apenas para o presente mas para as gerações futuras retirou a questão ambiental da esfera local e nacional dos Estados, já que a responsabilidade pela preservação deve beneficiar não somente seus cidadãos de hoje, mas as gerações que ainda virão a existir.

De fato, em 1974, dois anos após a Declaração de Estocolomo, a Carta de Direitos e Deveres Econômicos dos Estados das Nações Unidas dispôs, em seu artigo 3º, que a proteção e preservação do meio ambiente para gerações presentes e futuras é responsabilidade de todos os Estados, e em 1980 a Assembleia-Geral da ONU proclamou a responsabilidade dos Estados pela preservação do meio ambiente para as gerações presentes e futuras, globalizando a questão ambiental, em contraste com o que ocorria no passado, quando questões ambientais eram consideradas pelos Estados como tendo caráter nacional.[6]

Conclui-se, portanto, que a Declaração de Estocolomo de 1972 apresenta um paralelo com a Declaração dos Direitos Humanos de 1948 e foi responsável por tornar o meio ambiente uma questão global. Conclui-se também que o direito a um meio ambiente sadio está diretamente relacionado ao direito à vida.

A Declaração de Estocolmo foi ainda o ponto de partida para o desenvolvimento do direito internacional do meio ambiente como um campo autônomo dentro do direito internacional, e abriu as portas para o surgimento de diversos tratados versando sobre matéria ambiental, além de declarações universais, como a Carta da Natureza, adotada em 1982 pela Assembleia-Geral da Organização das Nações Unidas.[7]

Verifica-se, assim, que o desenvolvimento do direito ambiental esteve diretamente ligado à proteção dos direitos humanos.

Em que pese o direito ao meio ambiente não ter constado no rol protegido pela Declaração dos Direitos Humanos, deve-se lembrar que toda declaração de direitos é resultado de um momento histórico, e o mundo, em 1948, apenas acordava para a questão ambiental.

Tal não retira, entretanto, a natureza humanitária do direito ambiental. De fato, para que se assegure o direito à vida, à saúde, ao bem-estar e à existência digna, faz-se necessário um meio ambiente equilibrado.

Por sua vez, a classificação doutrinária dos direitos humanos é consequência da sua própria evolução ao longo da história e das demandas que surgiram na sociedade no decorrer do tempo.

6. Trindade, Antônio Augusto Cançado. *Direitos humanos e meio ambiente*: paralelo dos sistemas de proteção internacional. Porto Alegre: Fabris, 1993, p. 43.
7. Malanczuk, Peter. *Akehurst's modern introduction to international law.* 7. ed. rev. Nova York: Routledge, 2004, p. 241.

Os direitos civis e políticos decorreram dos ideais defendidos pela Revolução Francesa, tendo restado cristalizados na declaração dos Direitos do Homem e do Cidadão. A seguir, influenciados pelos ideais marxistas e socialistas de meados do século XIX, surgiram os direitos econômicos, sociais e culturais, os quais defendiam o bem-estar econômico e social dos seres humanos como forma de contrapeso aos direitos de primeira geração, que, ao serem exercidos abusivamente, geraram graves desigualdades sociais no decurso dos séculos XIX e XX.

Finalmente, na década de 1970 surgiram, como consequência dos avanços e danos causados pelo desenvolvimento tecnológico e científico, os direitos chamados difusos, em razão da impossibilidade de identificação concreta dos afetados pelos danos. Tais direitos foram também chamados de direitos "de solidariedade", uma vez que, por sua complexidade, não apenas o Estado mas a comunidade internacional em seu conjunto têm a responsabilidade de garanti-los. São direitos de solidariedade o direito à paz, ao desenvolvimento e ao meio ambiente sadio.[8]

Fala-se, assim, em direitos humanos de primeira geração (onde se inserem os direitos civis e políticos), de segunda geração (direitos econômicos, sociais e culturais) e, finalmente, em direitos de terceira geração (onde se inserem o direito ao desenvolvimento, ao patrimônio comum da humanidade, à paz e ao meio ambiente). Trata-se de direitos que têm por base os princípios da indivisibilidade, da interdependência e da solidariedade.[9]

Porém, se, como vimos, o direito ao meio ambiente é um direito humano de terceira geração, por que se diz que o direito ao meio ambiente e os direitos humanos se apresentam, por vezes, conflitantes?

A resposta pode ser dada com exemplos estampados nas notícias de jornais.

A *Folha de S.Paulo* on-line de 16 de novembro de 2008 – esse é um dos muitos casos – noticiou o embate entre a continuidade de uma obra do Programa de Aceleração do Crescimento (PAC) e a preservação da Mata Atlântica. Com recursos do PAC, o governo baiano projeta a instalação de um complexo logístico, composto de porto, ferrovia e um novo aeroporto na região entre Ilhéus e Itacaré. Conforme a

8. Gómez, Luis Lorenzo Herrera. Los derechos humanos y el derecho a un médio ambiente sano en México. In: Benjamim, Antônio Herman (Org.). *Direitos humanos e meio ambiente.* Human rights and the environment. 10º Congresso Internacional de Direito Ambiental. São Paulo: Imprensa Oficial do Estado, 2006, v. 1, p. 689-700.

9. Bertoldi, Márcia Rodrigues. O direito humano a um meio ambiente equilibrado. *Jus Navegandi.* Disponível em: <http://jus2.uol.com.br/doutrina/texto.asp?id=1685>. Acesso em: 14 jan. 2009. Conferir também em: Mazzuoli, Valério de Oliveira. *Curso de direito internacional público.* 2. ed., rev., atual. e ampl. São Paulo: RT, 2007, p. 676: "Coloca-se também uma quarta geração de direitos humanos, resultante da globalização dos direitos fundamentais, de que podem ser exemplos o direito à democracia (no caso, a democracia direta), o direito à informação e o direito ao pluralismo, deles dependendo a concretização da sociedade aberta do futuro, em sua dimensão de máxima universalidade, para a qual parece o mundo inclinar-se no plano de todas as relações de convivência".

notícia, "a obra não sai sem que pelo menos 680 hectares da mata atlântica desapareçam", mas, para o governo baiano, a obra servirá ao desenvolvimento da região sul da Bahia, a qual entrou em decadência após seu auge na época da exploração do cacau.[10]

O que se extrai da notícia é que o desenvolvimento humano choca-se com a necessidade de preservação ambiental.

Foi por conta do impasse entre meio ambiente e desenvolvimento que, em 1987, o Relatório da Comissão Mundial de Meio Ambiente e Desenvolvimento estabeleceu a necessidade de cooperação internacional para redução da exaustão de recursos e poluição ambiental e evidenciou a relação existente entre meio ambiente e desenvolvimento com o conceito de *desenvolvimento sustentável*, definido pela Comissão como "desenvolvimento que encontra as necessidades do presente sem comprometer a capacidade das futuras gerações de encontrar suas próprias necessidades".[11]

Passou-se a enfatizar a necessidade de cooperação entre os Estados e a responsabilidade de cada Estado na preservação do meio ambiente global. Tal processo culminou na Conferência da ONU sobre Meio Ambiente e Desenvolvimento, realizada no Rio de Janeiro em 1992.

A conciliação entre meio ambiente e desenvolvimento veio expressa no princípio 2 do desenvolvimento sustentável, constante na Declaração do Rio de Janeiro sobre Meio Ambiente e Desenvolvimento, que, por sua importância, passamos a transcrever:

> Os Estados, de acordo com a Carta das Nações Unidas e com os princípios de direito internacional, têm o direito soberano de explorar os seus recursos próprios de acordo com as suas políticas de ambiente e desenvolvimento próprias, e a responsabilidade de assegurar que as atividades exercidas dentro de sua jurisdição e controle não prejudiquem o ambiente de outros Estados ou de áreas para além dos limites da jurisdição nacional.

Além disso, em consonância com os princípios que orientam os direitos de terceira geração, como solidariedade, cooperação e interdependência, o princípio 7 da Declaração do Rio de Janeiro estabeleceu a necessidade de cooperação entre os Estados para conservar, proteger e recuperar a saúde e integridade do ecossistema da Terra, atribuindo-lhes responsabilidades comuns mas diferenciadas em vista de seus diferentes contributos para a degradação ambiental.[12]

---

10. Folha on-line: <wwwl.folha.uol.com.br/folha/ciência/ult306u467236.shtml>. Acesso em: 16 nov. 2008.
11. Malanczuk, Peter. *Akehurst's modern introduction to international law*, p. 241, tradução livre: "... development that meets the needs of the present without compromising the ability of future generations to meet their own needs".
12. "Princípio 7. Os Estados cooperarão em espírito de parceria global para conservar, proteger e recuperar a saúde e integridade do ecossistema da Terra. Tendo em conta os diferentes contributos para a degradação ambiental global, os Estados têm responsabilidades comuns mas diferenciadas. Os países desenvolvidos

Observa-se, portanto, que, embora o direito a um meio ambiente equilibrado não tenha sido reconhecido expressamente nos tratados internacionais relativos aos direitos humanos, está intimamente relacionado à preservação da vida, possuindo *status* de direitos humanos de terceira geração.

Ainda que nem todos os Estados equiparem, em seus ordenamentos, o direito ao meio ambiente a direitos humanos, a tendência é o reconhecimento do direito ao meio ambiente.

No Brasil, o direito ao meio ambiente não foi expressamente mencionado no rol de direitos fundamentais constante do art. 5º da Constituição Federal de 1988. Contudo, como veremos no item seguinte, nossa Constituição é fortemente ambientalista, dedicando ao meio ambiente merecido capítulo próprio, e assegurando a todos, por força do art. 225,[13] direito ao meio ambiente.

O teor do art. 225, que define meio ambiente como bem comum do povo e essencial à sadia qualidade de vida, bem como o inciso III do art. 1º da CF/1988, que coloca a dignidade da pessoa humana como fundamento da República Federativa do Brasil,[14] estabelecem, a nosso ver, a ligação necessária para classificar o direito ao meio ambiente como um direito fundamental, sobretudo se considerarmos o disposto no § 2º do art. 5º da CF/1988, segundo o qual "*os direitos e garantias expressos nesta Constituição não excluem outros decorrentes do regime e dos princípios por ela adotados, ou dos tratados internacionais em que a República Federativa do Brasil seja parte*".

1.2 O BRASIL E A PROTEÇÃO AO MEIO AMBIENTE

No que toca ao nosso país, o Brasil apresentava, antes da Conferência de Estocolmo de 1972, uma política de desenvolvimento industrial em que a proteção ao meio ambiente era um empecilho, e passou, a partir daí, a destacar-se no cenário internacional como uma nação cujo sistema jurídico tem forte vocação ambientalista, que pode ser verificada na análise dos diversos dispositivos constitucionais relacionados ao meio ambiente.[15]

---

reconhecem a responsabilidade que lhes cabe na procura do desenvolvimento sustentável a nível internacional, considerando as pressões exercidas pelas suas sociedades sobre o ambiente global e as tecnologias e os recursos financeiros de que dispõem."

13. Constituição Federal de 1988, art. 225: "*Todos têm direito ao meio ambiente ecologicamente equilibrado, bem de uso comum do povo e essencial à sadia qualidade de vida, impondo-se ao Poder Público e à coletividade o dever de defendê-lo e preservá-lo para as presentes e futuras gerações*".

14. Art. 1º da CF/1988: "*A República Federativa do Brasil, formada pela união indissolúvel dos Estados e Municípios e do Distrito Federal, constitui-se em Estado Democrático de Direito e tem como fundamentos: inciso III - a dignidade da pessoa humana*".

15. Soares, Guido Fernando Silva. *A proteção internacional do meio ambiente*. Barueri: Manole, 2003, p. 184-189.

Confira-se, a título de exemplo, o art. 5º, LXIII, da CF/1988, que assegura a qualquer cidadão a legitimidade para propositura de ação popular para anulação de ato lesivo ao meio ambiente,[16] o art. 23 da CF/1988, que atribui competência comum para proteção do meio ambiente aos estados, Distrito Federal e municípios, bem como o art. 24, VI e VIII, da CF/1988, que atribuem competência concorrente à União, aos Estados e ao Distrito Federal para legislar sobre florestas, fauna, caça, defesa do solo e recursos naturais, proteção ao meio ambiente e controle da poluição, e responsabilidade por dano ao meio ambiente.[17]

Ainda, com relação à ordem econômica, o art. 170 da CF/1988 dispôs que esta, fundada na valorização do trabalho humano e na livre iniciativa, tem por fim assegurar a todos existência digna, observados determinados princípios, entre os quais, a defesa do meio ambiente.[18]

Por fim, a Constituição Federal de 1988 dedicou seu Capítulo VI especificamente ao meio ambiente, dispondo no art. 225 que "*Todos têm direito ao meio ambiente ecologicamente equilibrado, bem de uso comum do povo e essencial à sadia qualidade de vida, impondo-se ao Poder Público e à coletividade o dever de defendê-lo e preservá-lo para as presentes e futuras gerações*".

Todavia, em que pese a forte vocação ambientalista de nosso ordenamento jurídico, o Brasil já esteve envolvido em acidentes ambientais de vulto, os quais, embora nem sempre tenham causado danos que ultrapassassem as fronteiras de nosso Estado, chamaram a atenção da comunidade internacional, seja pela extensão e natureza dos danos ambientais, seja pela diversidade de ecossistemas presentes em nosso território (que devem ser preservados para as futuras gerações), ou pela influência desses ecossistemas na saúde do meio ambiente do planeta, como é o caso da Floresta Amazônica.

Exemplificando, em 1987 teve início, em Goiânia, um dos mais graves desastres radioativos já ocorridos e cuja culpa pode ser atribuída ao Poder Público, pela desídia na guarda de lixo radioativo.[19]

16. Art. 5º, LXIII, da CF/1988: "*Todos são iguais perante a lei, sem distinção de qualquer natureza, garantindo-se aos brasileiros e aos estrangeiros residentes no País, a inviolabilidade do direito à vida, à liberdade, à igualdade, à segurança e propriedade nos seguintes termos: (...) LXV – qualquer cidadão é parte legítima para propor ação popular que vise a anular ato lesivo ao patrimônio público ou de entidade de que o Estado participe, à moralidade administrativa, ao meio ambiente e ao patrimônio histórico cultural, ficando o autor, salvo comprovada má-fé, isento de custas judiciais e do ônus da sucumbência*".

17. "*Art. 24. Compete à União, aos Estados e ao Distrito Federal legislar concorrentemente sobre: (...) VI – florestas, caça, pesca, fauna, conservação da natureza, defesa do solo e dos recursos naturais, proteção ao meio ambiente e controle da poluição; (...) VIII – responsabilidade por dano ao meio ambiente, ao consumidor, a bens e direitos de valor artístico, estético, histórico, turístico e paisagístico.*"

18. "*Art. 170. A ordem econômica, fundada na valorização do trabalho humano e na livre iniciativa, tem por fim assegurar a todos existência digna, conforme os ditames da justiça social, observados os seguintes princípios: (...) VI - defesa do meio ambiente.*"

19. *Acidente radiológico de Goiânia*. Disponível em: <http://pt.wikipedia.org/wiki/Acidente_radio ativo_de_Goiânia#Repercuss.C3.A3o_do_acidente>. Acesso em: 16 nov. 2008.

Em 13 de setembro daquele ano, catadores de metal encontraram em um centro radiológico desativado uma cápsula de Césio 137, elemento radioativo que brilha no escuro. Tal cápsula foi levada como presente para a filha de um dos catadores, a qual passou a substância pelo corpo e, além de se contaminar, tornou-se, ela própria, uma fonte contaminadora.

A partir daí, diversas pessoas foram contaminadas até que os profissionais de saúde detectassem o problema e a população fosse alertada sobre a contaminação por radiação, o que se deu apenas em 29 de setembro daquele ano.

Como consequências desse acidente, 112.800 pessoas foram contaminadas, casas foram evacuadas, tendo sido produzidas 13,4 toneladas de lixo atômico, o qual foi acondicionado em contêineres e permanecerá, por 180 anos, perigoso ao meio ambiente.

Além dos óbitos ocorridos na época, até os dias de hoje as pessoas contaminadas sofrem com enfermidades decorrentes da contaminação.

Citem-se ainda, como exemplo, os repetidos derramamentos de óleo ocasionados pela Petrobras, como os ocorridos no ano 2000, primeiro na Refinaria Duque de Caxias, quando houve o vazamento de 1,3 milhão de litros de óleo na Baía de Guanabara, atingindo praias, manguezais e a fauna da região,[20] e meses depois na Refinaria Presidente Getúlio Vargas, quando 4 milhões de litros de óleo foram lançados no Rio Paraná, causando a poluição do leito de outros rios, como o Barigui e o Iguaçu, e a morte de pequenos mamíferos e aves.[21]

Os acidentes com óleo noticiados causaram repercussão não apenas por suas consequências desastrosas ao meio ambiente e à saúde pública, mas também por terem ocorrido em refinarias da Petrobras, maior empresa petrolífera do Brasil.

Finalmente, não há como deixar de citar a constante e contínua devastação da Floresta Amazônica, sem que haja a devida fiscalização e adoção de providências efetivas pelas autoridades governamentais.

Esses exemplos ilustram a disparidade existente no Brasil entre a legislação, com forte cunho ambiental, e a aplicação eficaz dos dispositivos legais aos fatos concretos.

A entrada em vigor da Lei nº 9.605/1998, que dispõe sobre as sanções penais e administrativas derivadas de condutas e atividades lesivas ao meio ambiente, se, por um lado, procurou abarcar grande número de situações efetivas ou potencialmente danosas ao meio ambiente, por outro lado pecou por conter um excessivo número

20. Portal Ecodebate. *Cidadania e meio ambiente*: o crime dos seis salários-mínimos. Disponível em: <http://www.ecodebate.com.br/2008/03/24/apos-8-anos-do-vazamento-de-oleo-da-petrobras>. Acesso em: 12 jan. 2009.

21. Fuentes, Liége; Villela, Ricardo. A mancha da impunidade. *Revista Veja*, ed. 1.659, 26 jul. 2000. Disponível em: <http://veja.abril.com.br/260700/ p_110.html>. Acesso em: 12 jan. 2009.

de normas penais em branco, ou seja, normas que devem ser complementadas por outros dispositivos legais.[22]

Acresça-se que a lei em questão possui uma gama extensa de tipos abertos, referenciando, com frequência, disposições externas e conceitos técnicos, o que dificulta a apuração da efetiva existência de infração ambiental.[23]

No que toca às infrações administrativas, o art. 70 da Lei dos Crimes Ambientais as definiu de forma muito abrangente,[24] de modo que, ao se praticar um crime ambiental, também se está praticando uma infração administrativa. E as sanções administrativas, previstas nos arts. 72 e seguintes da Lei, coincidem com as penalidades criminais previstas para diversas hipóteses, sobretudo se consideradas as sanções restritivas de direitos, como a suspensão ou o cancelamento de registro, licença ou autorização.

A dupla caracterização da ação como infração penal e administrativa acabou, na prática, por diminuir a força de ambas as penalidades. Se o autor da infração já foi punido administrativamente, por exemplo, com a suspensão de sua atividade, perde o objeto igual apenação no âmbito criminal.

De igual maneira, o art. 76 da Lei, ao dispor que "*o pagamento de multa imposta pelos Estados, Municípios, Distrito Federal ou Territórios substitui a multa federal na mesma hipótese de incidência*", sob o justificável argumento de impossibilidade de *bis in idem*, acabou por estimular a prática de fixação, por um dos entes da Federação, de multas mais leves que acabam por elidir a possibilidade de aplicação de multas mais pesadas por outro ente, em prejuízo do real objetivo da penalidade administrativa de servir como fator de desestímulo à prática reiterada de infrações ao meio ambiente.

Já com relação apuração da responsabilidade civil por dano ambiental, a doutrina dominante apresenta-se bastante evoluída, tendo adotado a posição de que a responsabilidade por dano ambiental é objetiva, independentemente da apuração da existência da culpa.

22. Édis Milaré e Paulo José da Costa Junior citam como exemplo do vasto emprego de normas penais em branco o § 4º, I e VI da Lei nº 9.605/1998, que incluem como agravantes da pena do crime previsto no *caput* ("Matar, perseguir, caçar, apanhar, utilizar espécimes da fauna silvestre, nativos ou em rota migratória, sem a devida permissão, licença ou autorização da autoridade competente, ou em desacordo com a obtida"), o fato de ele ser praticado contra espécie rara ou considerada ameaçada de extinção (inciso I), bem como com emprego de métodos ou instrumentos capazes de provocar destruição em massa (inciso VI), mas não discriminam quais as espécies raras ou ameaçadas de extinção e tampouco os métodos ou instrumentos capazes de provocar destruição em massa. Milaré, Édis; Costa Junior, Paulo José da. *Direito penal ambiental*: comentários à Lei 9.605/98. Campinas: Millennium, 2002, p. 36).

23. Transcrevo aqui o exemplo de Édis Milaré na obra já supracitada, p. 37: "... caçar animais silvestres tanto pode ser ilícito penal quanto fato atípico, porquanto a caça tanto pode ser proibida como permitida, mediante autorização. Se permitida, porém, dependente de autorização, o agente será processado não por ter praticado o fato, mas por tê-lo praticado sem antes munir-se da necessária autorização...".

24. *Caput* do art. 70 da Lei nº 9.605/1998: "*Considera-se infração administrativa ambiental toda ação ou omissão que viole as regras jurídicas de uso, gozo, promoção, proteção e recuperação do meio ambiente*".

Tal conclusão é extraída do disposto no § 3º do art. 225 da Constituição Federal de 1988, que estabeleceu que "*as condutas e atividades consideradas lesivas ao meio ambiente sujeitarão os infratores, pessoas físicas ou jurídicas, a sanções penais e administrativas, independentemente da obrigação de reparar os danos causados*".

Da mesma forma, o art. 14, § 1º, da Lei de Política Nacional do Meio Ambiente – Lei nº 6.938/1981 – estabelece que, "*Sem prejuízo das penas administrativas previstas nos incisos do artigo, o poluidor é obrigado, independentemente de culpa, a indenizar ou reparar os danos causados ao meio ambiente e a terceiro, afetados por sua atividade*".

A estipulação, expressa em lei, da desnecessidade de apuração de culpa não impediu, entretanto, a ocorrência de divisão entre os doutrinadores.

A divisão situa-se na possibilidade de admissão ou não de excludentes do nexo de causalidade, como caso fortuito ou força maior, fato exclusivo de terceiro ou da vítima. Caso não se aceitem as mencionadas excludentes, estará sendo admitida a teoria do risco integral, bastando, para a configuração da responsabilidade, a prova do dano e da atividade, já que o nexo causal se daria com a atividade desenvolvida pelo poluidor.

Marcos Destefenni, adotando a teoria do risco integral, enumera importantes consequências advindas da utilização da teoria do risco integral:

> a) afastar das demandas ambientais qualquer discussão acerca da culpa; b) limitar a incidência de causas excludentes da responsabilidade; c) tornar irrelevante a alegação de licitude da atividade desenvolvida pelo causador do dano; d) minimizar a carga probatória do demandante, no que diz respeito ao nexo causal; e) determinar a responsabilidade objetiva no caso de ação ou omissão; f) determinar a aplicação do regime da responsabilidade objetiva mesmo na reparação dos danos sofridos por particulares.[25]

De fato, a teoria do risco integral é a que melhor serve a uma sociedade de massa, industrializada, em que se convive com diferentes agentes causadores de dano e permite-se, em vista do interesse comum, a realização de atividades perigosas e potencialmente causadoras de dano, como é o caso das atividades nucleares. Considerando-se ainda as características próprias do dano ambiental, muitas vezes causado por fatores conjugados, o que dificulta a apuração de sua autoria, o risco integral é a teoria que se mostra mais eficaz na responsabilização do agente.

De todo o exposto, conclui-se que o ordenamento brasileiro é bastante evoluído na questão ambiental, faltando-nos, entretanto, conferir à norma posta real

25. Destefenni, Marcos. *A responsabilidade civil ambiental e as formas de reparação do dano ambiental*: aspectos teóricos e práticos. Campinas: Bookseller, 2005, p. 147.

efetividade, seja pela responsabilização civil e criminal dos causadores do dano, seja com a efetiva adoção de medidas preventivas pelas empresas públicas e pela iniciativa privada, medidas essas que devem, também, ser objeto de fiscalização pelos órgãos competentes.

1.3 EVOLUÇÃO DA NORMATIZAÇÃO INTERNACIONAL EM MATÉRIA AMBIENTAL. A *SOFT LAW*

Desde Estocolmo até os dias de hoje, passando pela Conferência do Rio de Janeiro de 1992, diversos tratados relativos à matéria ambiental surgiram e passaram a integrar o direito internacional do meio ambiente. São tratados bilaterais e multilaterais que tratam de diferentes temas envolvendo meio ambiente, como poluição marítima, poluição química, poluição atmosférica transfronteiriça, tratados sobre a proteção de determinadas espécies, transporte de substâncias perigosas, entre outros.

Mas não há, no direito internacional, um regime abrangente que proteja o meio ambiente como um todo, e o direito internacional do meio ambiente tem sido descrito como um agregado de múltiplos tratados ambientais que não constituem propriamente um sistema.[26]

A efetividade de muitos tratados é também um problema. O processo de conclusão de um tratado internacional é demorado, podendo levar, em caso de tratados multilaterais, entre 2 e 12 anos para se tornarem efetivos, tempo demasiadamente longo quando consideramos a necessidade de preservação da biosfera e a exigência de ações efetivas para evitar maiores danos ao meio ambiente.[27]

Além disso, a cada dia surgem novos problemas ambientais que demandam soluções céleres, e o consenso necessário para a conclusão de tratados com força normativa nem sempre é fácil, já que, em geral, as questões envolvem Estados com diferentes características culturais, econômicas e sociais, que nem sempre estão dispostos a assumir um compromisso rígido envolvendo obrigações específicas que, acaso descumpridas, possam gerar a responsabilização internacional.

Nesse panorama surge, ao lado dos princípios gerais de direito internacional,[28] do costume internacional e dos tratados, uma categoria controversa a compor o direito internacional do meio ambiente, a chamada *soft law*.

No campo do direito ambiental, verifica-se forte tendência à adoção desses instrumentos sob a forma de convenções-quadro ou *Umbrella Conventions*, nas

---

26. Malanczuk, Peter. Op. cit., p. 245.
27. Idem, ibidem, p. 245.
28. Como aduz Peter Malanczuk na obra já citada, há um número de conceitos gerais e princípios que têm sido aplicados ou propostos para solucionar danos transfronteiriços, como os princípios de uso da propriedade sem prejudicar terceiros, abuso de direito, boa vizinhança (*Akehurst's modern introduction to international law*, cit., p. 246).

quais geralmente é estabelecida uma convenção de caráter geral e natureza de *soft law* em que são enunciados princípios, resoluções ou códigos de conduta. Após a assinatura da convenção, no decorrer do tempo são assinados protocolos, que regulamentam tópicos da convenção e têm natureza coercitiva, a exemplo do Protocolo de Quioto, o qual é uma complementação da Convenção-Quadro sobre Mudança de Clima.

Como define Peter Malanczuk,

> Estes instrumentos os quais podem tomar a forma de declaração, resolução ou um conjunto de guias ou recomendações, como a Declaração de Estocolomo de 1972, não são formalmente obrigatórios mas, não obstante, têm um importante significado político-legal como um guia para ações políticas e um ponto de partida para o desenvolvimento de regras internacionais ambientais obrigatórias, ainda que na forma de um tratado posterior ou na forma de direito internacional costumeiro.[29]

Explica o autor que tanto a Declaração de Estocolmo de 1972 como a Declaração do Rio de Janeiro sobre Meio Ambiente e Desenvolvimento não contêm disposições obrigatórias, somente disposições de natureza moral ou política.[30]

Wagner Menezes define a *soft law* como

> ... documentos solenes derivados de foros internacionais, que têm fundamento no princípio da boa-fé, com conteúdo variável e não obrigatórios, que não vinculam seus signatários a sua observância, mas que por seu caráter e importância para o ordenamento da sociedade global, por refletirem princípios e concepções éticas e ideais, acabam por produzir repercussões no campo do direito internacional e também para o direito interno dos Estados.[31]

A posição segundo a qual a *soft law* possui apenas disposições de natureza moral ou obrigatória não é, entretanto, pacífica na doutrina.

Ernesto Roessing Neto[32] explica o processo de formação das *soft laws*, conceituando-as como instrumentos que estão a meio caminho de serem coercitivos, e conclui que elas, embora não possuam coercitividade imediata, têm natureza programática. Vejamos:

---

29. Malanczuk, Peter. Op. cit., p. 244-245, tradução livre: "*These instruments which may be in the form of a declaration, resolution or a set of guidelines or recommendations, such as the 1972 Stockholm Declaration, are not formally binding, but nevertheless have an important political-legal significance as a guide for political action and a starting-point for the developement of binding international environmental rules and principles, either in the form of a later treaty or in the form of customary international law...*".

30. Idem, ibidem, p. 245 e p. 251.

31. Menezes, Wagner. *Direito internacional no cenário contemporâneo*. Curitiba: Juruá, 2003, p. 76.

32. Roessing Neto, Ernesto. *Responsabilidade internacional dos Estados por dano ambiental:* o Brasil e a devastação amazônica. Disponível em: <http://jus2.uol.com.br/doutrina/texto.asp? id=8915>. Acesso em: 05 jun. 2008.

> Há quem argumente que as *soft laws* não constituem, propriamente, Direito, pois não possuem coercitividade imediata (...) seja por não serem suficientemente claras, seja por não possuírem um respaldo de uma estrutura capaz de se fazer imperar perante os Estados signatários. Entretanto não é este o entendimento seguido neste trabalho. Entende-se, nesta obra, que as *soft laws* são Direito, posto que nem toda norma jurídica deve ser, necessariamente, objetiva a ponto de possuir aplicação imediata.

Já Salem Hikmat Nasser[33] serve-se da expressão *direito programatório*, utilizada para denominar resoluções que têm por conteúdo princípios normativos, mas não regras. Tal expressão, segundo o autor, refere-se aos instrumentos não obrigatórios, concertados pelos Estados, que se constituem em programas de ação ou ainda disposições de natureza programática contidas nesses instrumentos. Entretanto, frise-se que, para esse autor, não havendo na *soft law* conteúdo obrigatório, ela não pode ser reconhecida como direito, embora tenha papel relevante na organização e modificação das relações internacionais, bem como na construção de tratados futuros, estes, sim, de conteúdo obrigatório. Confiram-se a seguir seus ensinamentos:[34]

> No universo regulatório das relações internacionais, descobrir o lugar e o papel do direito é exercício que impõe hoje a tomada em consideração dos fenômenos da *soft law*. Esses fenômenos, como o direito, influenciam os comportamentos, organizam a sociedade e resultam da combinação de necessidades sociais, valores e relações de poder. Diferentemente do direito, as normas criadas por instrumentos de *soft law* não resultam dos processos considerados pelo ordenamento jurídico internacional como aptos a criarem normas jurídicas. Na busca da melhor compreensão possível do direito e da regulação das relações internacionais, e no esforço de vislumbrar a construção de uma ordem social cada vez melhor, ainda que, como fizemos, se escolha distinguir direito de *soft law*, é necessário reconhecer em ambos os objetos necessários de estudo e instrumentos úteis à organização do mundo.

Em vista do atual panorama internacional, em que prevalece a cooperação entre os Estados, os quais nem sempre se encontram no mesmo patamar de desenvolvimento, e também considerando a complexidade de temas como meio ambiente, os Estados optam, muitas vezes, por não assumirem obrigações específicas a que corresponderia um direito, assumindo, por outro lado, obrigações genéricas de comportamento futuro.

Essas obrigações são qualificadas como *soft* por não haver certeza quanto ao prazo e às condições para seu cumprimento.[35]

33. Nasser, Salem Hikmat. *Fontes e normas de direito internacional*: um estudo sobre a *soft law*. 2. ed. São Paulo: Atlas, 2006, p. 101.
34. Idem, ibidem, p. 160-161.
35. Nasser, Salem Hikmat. Op. Cit., p. 102.

Acrescente-se que, ao contrário dos tratados, o modo de produção da *soft law* é bem mais simplificado, dispensando formalidades por vezes exigidas pelos direitos internos dos Estados para a assinatura de tratados.

Atribuir à *soft law* as características de um tratado, com a formação de normas rígidas, que geram obrigações imediatas para o Estado e responsabilização em caso de descumprimento, equivaleria a destituí-la de seu principal mérito. Sem dúvida, a ausência de obrigações claramente definidas confere à *soft law* um papel agregador da comunidade internacional em torno de objetivos comuns, independentemente do grau de desenvolvimento humano, social e econômico dos Estados. A maior adesão dos Estados a tais instrumentos ocorre porque o descumprimento da *soft law* não gera, em regra, a possibilidade de responsabilização internacional, como ocorre quando descumpridas as disposições de um tratado.

A nosso ver, entretanto, a *soft law* é norma jurídica de conteúdo programático. Tratando-se de norma programática, não há que se falar tão somente em deveres morais ou políticos, embora estes, sem dúvida, estejam presentes em seu conteúdo. A *soft law* implica adequação das leis e políticas internas do Estado ao conteúdo lá constante, e, embora não se possa falar, como regra, em responsabilidade internacional pelo descumprimento, já que a *soft law* não gera direitos e tampouco obrigações específicas, a constatação de que, no caso concreto, houve a desconsideração deliberada do compromisso lá contido pode acarretar responsabilização do Estado no plano internacional quando sua omissão na adequação das políticas internas causar danos a terceiros.

Anote-se aqui a posição de Nguyen Dinh, Patrick Daillier e Alain Pellet,[36] com a qual concordamos, acerca dos atos concertados não convencionais, aos quais os Estados estão vinculados não por conta de suas disposições mas em função do princípio da boa-fé.

Como afirmam os autores, assim como as recomendações das organizações internacionais,

> ...os atos concertados não convencionais têm um valor permissivo no sentido de neutralizarem a aplicação de uma eventual regra anterior nas relações entre os signatários: se não podem exigir a aplicação das disposições que contêm, podem pelo menos respeitar o que foi concertado e os seus parceiros não podem censurá-los, mesmo se esta execução vai contra certas regras preexistentes do direito internacional.

O princípio da boa-fé, conferindo obrigatoriedade inclusive às declarações públicas feitas pelos Estados, já foi objeto de exame pela Corte Internacional de Justiça.

36. Dinh, Nguyen Quoc, Daillier, Patrick e Pellet, Allain. *Direito internacional público*. 2. ed. Trad. de Vítor Marques Coelho. Lisboa: Edição da Fundação Calouste Gulbenkian, 2003, p. 401

Exemplo disto foi o julgamento da disputa acerca da paralisação de testes nucleares realizados pela França na Polinésia Francesa no final dos anos 1960 e início dos anos 1970, em que a Austrália figurou como reclamante.

A França realizou, nos anos de 1966, 1967, 1968, 1970 e 1971, testes nucleares no território da Polinésia Francesa, lançando, na atmosfera, radiação atômica, que, segundo esse Estado, por ser infinitesimal, não poderia causar qualquer dano.

A Austrália, porém, afirmava que a França, com a realização dos testes na atmosfera, lançava material radioativo em seu território, razão pela qual levou a disputa à Corte Internacional.

Embora a Corte não tenha adentrado no mérito da questão, por entender que, com a paralisação dos testes, a disputa havia perdido o objeto, considerou que a França estava vinculada, pelo princípio da boa-fé, às declarações públicas feitas pelo seu governo, no sentido de cessar a realização dos testes.

Confira-se, a seguir, em tradução livre, a ementa do julgamento da Corte Internacional de Justiça em mencionado caso:[37]

> Corte Internacional de Justiça. 20 de dezembro de 1974. Caso dos Testes Nucleares. (Austrália *vs.* França). Exame anterior da questão da existência da disputa como problema preliminar. Exercício inerente da jurisdição da corte. Análise da demanda com base no pedido e determinação do objeto da demanda. Importância das conclusões do demandante para definição da demanda. Poder da Corte de interpretar as conclusões. Declarações públicas feitas em nome do demandado antes e depois dos procedimentos orais. Atos unilaterais criando obrigações jurídicas. Princípio da boa fé. Resolução da Disputa por declaração unilateral fazendo nascer obrigação jurídica. Não exercício pelo autor do direito de desistir do procedimento não impede a Corte de chegar a sua própria conclusão. Desaparecimento da disputa resultando em perda do objeto da demanda. Jurisdição que somente deve ser exercida quando a disputa genuinamente existe entre partes.

37. *"International Court of Justice. Year 1974. 20 december 1974. Nuclear Tests Cases. (Australia* vs. *France) Questions of jurisdiction and admissibility - Prior examination required of question of existence of dispute as essentialy preliminary matter - Exercise of inherent jurisdiction of the Court. Analysis of claim on the basis of the Application and determination of object of the claim - Significance of submissions and of statements of the Applicant for definiton of the claim - Power of the Court to interpret submissions - Public statements made on behalf of Respondent before and after oral proceedings. Unilateral Acts creative of legal obligations - Principle of good faith. Resolution of Dispute by unilateral declaration giving rise to legal obligation - Applicant's non-exercise of right of discontinuance of proceedings no bar to indepedent finding by Court - Disappearance of dispute resulting in claim no longer having any object - Jurisdiction only to be exercised when dispute genuinely exists between the Parties."* Disponível em: <http://www.icj-cij.org/docket/files/58/6093.pdf>. Acesso em: 11/nov./2009

CAPÍTULO 2

RESPONSABILIDADE INTERNACIONAL

2.1 DIREITO INTERNACIONAL E DIREITO INTERNO

Para que se entenda o tema relativo à responsabilização internacional do Estado, é preciso, antes, entender a relação existente entre direito internacional e direito interno. Sobre esse tema prevalecem duas posições: a posição dualista e a posição monista.

Para a doutrina dualista, o direito internacional é essencialmente diferente do direito interno. Diferem, como explica Oppenheim,[38] em três pontos básicos.

Em primeiro lugar, diferem a partir de suas fontes. As fontes do direito interno são os costumes nascidos nos limites do Estado e os estatutos postos pela autoridade. As fontes do direito internacional são o costume que surge na sociedade das nações e os tratados com força de lei celebrados por membros dessa sociedade.

Diferem ainda no que toca às relações que regulam. O direito interno regula relações entre indivíduos subordinados a um Estado e relações entre esses indivíduos e o referido Estado. Já o direito internacional regula relações entre os Estados.

Por fim, diferem em sua substância. Segundo afirma Oppenheim, "enquanto o direito interno é um direito de um soberano sobre indivíduos submetidos a seu controle, o direito internacional não é um direito sobre, mas entre Estados soberanos e é consequentemente um direito mais fraco".[39]

38. L. Oppenheim, M. A. *International law*. 7. ed. London/New York/Toronto: Edited by H. Lauterpacht, M.A., LL. D. Longmans, Green and Co., 1948, v. I – Peace, p. 35.

39. Idem, Ibidem, p. 35, tradução livre: "*The Law of Nations and Municipal Law differ, thirdly, with regard to the substance of their law: whereas Municipal Law is a law of a sovereign over individuals subjected to his sway, the Law of Nations is a law not above, but between, sovereign states and is therefore a weaker Law*".

Segundo os dualistas, sendo o direito interno e o direito internacional tão diferentes, um não faz parte do outro, e, assim como o direito internacional não é parte do direito interno, o último não tem o poder de criar ou alterar regras de direito internacional.

Vê-se, portanto, que, para essa corrente, direito internacional e direito interno são sistemas independentes, e a validade de uma norma de direito interno não se condiciona à sua conformidade à ordem internacional.[40]

Em termos práticos, para os dualistas, faz-se necessária a transformação do direito internacional em direito interno, não sendo possível sua aplicação imediata.

Em contraposição à doutrina dualista, o monismo nega que os objetos do direito internacional e do direito interno sejam diferentes e sustenta que, em última hipótese, é a conduta de indivíduos que é regulada pelo direito, sendo, na esfera internacional, as consequências dessa conduta atribuídas ao Estado.

Para os monistas, direito interno e direito internacional, longe de serem essencialmente distintos, devem ser vistos como manifestações de uma concepção singular de direito. O principal ponto de identificação das duas esferas de direito – direito interno e direito internacional – reside no fato de que alguns conceitos fundamentais de Direito Internacional não podem ser compreendidos sem que se reconheça a existência de uma ordem superior da qual os vários direitos internos derivam, por delegação. Tal ordem superior seria a ordem internacional.[41]

O monismo supradescrito é o chamado monismo kelseniano: baseia-se na situação ideal de existência de uma única ordem jurídica e aponta o engano na ideia de que os Estados possam sobreviver indiferentes aos princípios e normas de direito internacional.[42]

Ao lado dos monistas kelsenianos, encontram-se os monistas nacionalistas, que consideram a Constituição do Estado como a ordem superior, que deve conter, em seu texto, o valor a ser conferido ao direito internacional.[43]

Partindo do princípio de que ordem interna e ordem internacional não são sistemas distintos, o monismo, ao contrário do dualismo, possibilita a aplicação imediata de normas de direito internacional sem necessidade de qualquer ato de adequação destas ao direito interno.

A adoção de uma ou outra posição tem consequências diretas na responsabilização do Estado.

---

40. Rezek, Francisco. *Direito internacional público*: curso elementar. 10. ed., rev. e atual. São Paulo: Saraiva, 2007, p. 4.
41. L. Oppenheim, M. A. Op. cit., p. 36.
42. Rezek, Francisco. Op. cit., p. 5.
43. Rezek, Francisco. Op. cit., p. 5.

A adoção da posição monista diminui a possibilidade de o Estado ser responsabilizado internacionalmente, já que as regras de direito internacional aplicam-se imediatamente ao direito interno, o que elimina a existência de incompatibilidade entre direito interno e direito internacional. Além disso, uma vez que, em regra, é a própria Constituição dos Estados que atribui competências para celebração de tratados internacionais, principal fonte de normas internacionais, a celebração de tratado por agente competente está automaticamente autorizada pela Constituição do Estado, restando, portanto, resguardada, sua soberania.

Embora, a nosso ver, seja o monismo a posição que mais se aproxima do objetivo máximo do direito internacional, qual seja, a convivência pacífica entre Estados soberanos, não é essa a posição predominante em nosso país.

A Constituição Federal de 1988 foi omissa quanto ao *status* conferido às normas internacionais. Além disso, no inciso I do art. 49, atribuiu competência exclusiva ao Congresso Nacional para "*resolver definitivamente sobre tratados, acordos ou atos internacionais que acarretem encargos ou compromissos gravosos ao patrimônio nacional*".

Em face da omissão constitucional e da competência atribuída ao art. 49 da CF/1988, o Poder Judiciário brasileiro consolidou a posição de que é necessária a incorporação interna de normas de direito internacional e estas, uma vez incorporadas, adquirem *status* de lei ordinária. Assim, segundo a praxe brasileira, os tratados e convenções assinados necessitam ser referendados pelo Poder Legislativo e, por fim, promulgados por um decreto do Presidente da República.

Esse posicionamento, que consagra o chamado *monismo moderado*, firmou-se no Supremo Tribunal Federal a partir do julgamento do Recurso Extraordinário nº 80.004, em 1977, no qual restou consignado que, no ordenamento brasileiro, tratados e convenções têm paridade normativa com leis ordinárias, em contraposição ao posicionamento anteriormente vigente naquela corte, segundo o qual o direito internacional tinha primazia sobre o ordenamento interno.[44]

Nessa ótica, caso haja colidência entre a norma interna e o tratado, o País continua obrigado no plano internacional enquanto não denunciado o tratado. Ainda, conforme entendimento do Supremo Tribunal Federal, a falta de denúncia do tratado não impede que o Estado lhe retire os efeitos no âmbito do direito interno, não se podendo falar, neste caso, de responsabilização internacional do Estado pelo descumprimento do tratado.[45]

44. Mazzuoli, Valério de Oliveira. O Supremo Tribunal Federal e os conflitos entre tratados internacionais e leis internas. *Revista de Informação Legislativa*, Brasília, ano 39, n. 154, abr./jun. 2002, p. 15-28.
45. Magalhães, José Carlos de. *O Supremo Tribunal Federal e o direito internacional*: uma análise crítica. Porto Alegre: Livraria do Advogado, 2000, p. 58-59.

Assim, uma vez que tanto as normas internacionais incorporadas quanto as normas infraconstitucionais internas possuem *status* de lei ordinária, utiliza-se o critério cronológico para a solução de eventual conflito entre elas.[46]

Tal regra é excepcionada pelo art. 98 do Código Tributário Nacional (CTN)[47] e quando a norma internalizada for um tratado ou convenção internacional sobre direitos humanos que tenha sido aprovado, em cada casa do Congresso Nacional e em dois turnos, por três quintos dos votos dos respectivos membros. Conforme reforma constitucional de 2004, que acrescentou o § 3º ao art. 5º da CF/1988, ocorrendo esta hipótese, a norma internalizada será equivalente a uma emenda constitucional.[48]

Cabe, no entanto, registrar que a posição dominante no Supremo Tribunal Federal não é isenta de críticas pela doutrina.

Vale transcrever as colocações de José Carlos de Magalhães[49] acerca da posição do STF:

> O exame da constitucionalidade de uma lei não deve, pois, cingir-se apenas à sua compatibilidade com as normas constitucionais, mas também com os compromissos assumidos pelo Estado na esfera internacional, por meio de tratados por ele firmados, ou com princípios de direito internacional geral.
>
> O antigo conceito de soberania absoluta do Estado – e de seu poder de dispor como bem entender dentro de suas fronteiras – foi superado pela evolução da ordem internacional, cada vez mais integrada com as ordens nacionais e com os valores consagrados pela humanidade como um todo. Ignorar tratados, sob o pretexto de que as ordens internacional e interna são independentes e que o Estado, obrigando-se perante outros países, não está obrigado a observar, na esfera interna, o compromisso soberanamente assumido, para usar termo tão do agrado dos que assim pensam, é ato que não mais se compadece com o mundo atual.

Por fim, deve-se pontuar que parte da doutrina entende que, por força da interpretação conjunta dos §§ 1º e 2º, do art. 5º da Constituição Federal de 1988, os tratados e convenções internacionais relativos a direitos humanos ratificados pelo Brasil são automaticamente incorporados pelo país, adquirindo *status* de norma constitucional.[50]

---

46. Ramos, André de Carvalho. *Responsabilidade internacional por violação de direitos humanos*: seus elementos, a reparação devida e sanções possíveis – teoria e prática do direito internacional. Rio de Janeiro: Renovar, 2004, p. 119-121.
47. Art. 98 do CTN: "*Os tratados e as convenções internacionais revogam ou modificam a legislação tributária interna, e serão observados pela que lhes sobrevenha*".
48. Art. 5º, § 3º, da CF/1988 (incluído pela EC nº 45, de 08/12/2004): "*Os tratados e convenções internacionais sobre direitos humanos que forem aprovados, em cada Casa do Congresso Nacional, em dois turnos, por três quintos dos votos dos respectivos membros, serão equivalentes às emendas constitucionais*".
49. *Supremo Tribunal Federal e o direito internacional*: uma análise crítica, cit., p. 62.
50. CF/1988, art. 5º, § 1º: "*As normas definidoras dos direitos e garantias fundamentais têm aplicação imediata*".

É esta a posição de Flávia Piovesan[51]. Confira-se:

> No capítulo anterior, apontou-se para o inédito princípio da aplicabilidade imediata dos direitos e garantias fundamentais, assegurado pelo art. 5º, § 1º, da Constituição de 1988. Ora, se as normas definidoras dos direitos e garantias fundamentais demandam aplicação imediata e se, por sua vez, os tratados internacionais de direitos humanos têm por objeto justamente a definição de direitos e garantias, conclui-se que tais normas merecem aplicação imediata.

Nesse caso, considerando-se que, como já exposto, o direito ao meio ambiente é um direito humano de terceira geração, a interpretação conjunta dos §§ 1º e 2º, do art. 5º, da CF permitiria que também tratados assinados pelo Brasil relativos à preservação e conservação do meio ambiente, como corolário do direito à vida e existência digna, adquirissem *status* de norma constitucional.

Sem dúvida, essa visão é a que garante melhor posição do Brasil no âmbito internacional, diminuindo a possibilidade de responsabilização internacional do País por danos ao meio ambiente quando esta se dá por divergência entre o direito interno e os compromissos internacionalmente assumidos.

2.2 DESENVOLVIMENTO DA RESPONSABILIDADE POR DANO AMBIENTAL. CASOS RELEVANTES

Cabe, antes de adentrar o tema específico deste trabalho, citar a ocorrência, ao longo do tempo, de desastres ecológicos de grande vulto que acabaram por se tornar precedentes ou dar causa ao surgimento de regulamentação no âmbito do direito ambiental.

Importante, contudo, frisar que não existe também, na atualidade, um sistema jurídico que regule a responsabilidade pelos danos ambientais causados em decorrência de atividades lícitas, e, no âmbito da responsabilidade internacional por dano ambiental, o dano deriva, muitas vezes, de condutas lícitas e legítimas, como verificaremos na narração de diversos acidentes ambientais ocorridos no mundo que inspiraram e impulsionaram o desenvolvimento do direito internacional ambiental.

Ressalte-se também que o dano ambiental possui características específicas, como o prolongamento dos efeitos no tempo ou seu surgimento após um certo lapso temporal, o que dificulta a reparação e mesmo o estabelecimento de um liame de causalidade entre o ato incriminado e o dano efetivado. Além disso, os

§ 2º: "Os direitos e garantias expressos nesta Constituição não excluem outros decorrentes do regime e dos princípios por ela adotados, ou dos tratados internacionais em que a República Federativa do Brasil seja parte".

51. Piovesan, Flávia. Direitos humanos e o direito constitucional internacional. 9. ed. rev., ampl. e atual. São Paulo: Saraiva, 2008, p. 82.

efeitos da poluição podem-se combinar com outras causas e não serem os mesmos dependendo do lugar atingido e de fenômenos naturais como o vento, a falta de vento, a névoa.[52]

Antes ainda de narrar os casos que levaram a comunidade internacional a focar sua atenção na proteção ambiental, cabe uma última consideração sobre a particularidade do dano ambiental. É que ele pode ocorrer também em espaços fora da competência territorial de qualquer Estado, como o alto-mar ou o espaço aéreo internacional, e, nessas situações, "não há qualquer Estado que possa apresentar uma reclamação falando em nome da humanidade, que é a verdadeira vítima do dano ambiental".[53]

Por meio de tratados multilaterais, esses espaços adquirem uma unicidade, decorrente não apenas de suas características naturais, mas também em função da maneira como são considerados pelas normas internacionais. No caso da Antártica ou do espaço sideral e do alto-mar, como citado, tais espaços não estão submetidos à soberania de qualquer Estado. Porém, há vezes em que, embora estejam submetidos à soberania de um ou de alguns Estados, por sua importância para a preservação do meio ambiente do planeta, são considerados "um conjunto indivisível, a ser regulado por normas internacionais (como a Amazônia, as zonas úmidas de importância internacional, particularmente como hábitat das aves aquáticas, os bens naturais e culturais que constituem o patrimônio da humanidade)".[54]

Passaremos a seguir a narrar brevemente alguns casos que tiveram importância no desenvolvimento do tema da responsabilidade ambiental, extraídos da obra de Guido Fernando Silva Soares.[55] Nas palavras do autor, eles se tornaram *leading cases* e levaram a uma resposta do direito, seja por suas características transfronteiriças, seja pelos interesses internacionais envolvidos.

Ressalta-se, porém, que, independentemente da contribuição que deram ao direito internacional ambiental, nem todos os casos narrados chegaram às cortes de Justiça, tendo sido alguns deles solucionados pela via arbitral ou mesmo por acordo entre as partes.

O primeiro caso a ser narrado é o da Fundição Trail, uma fundição de zinco e chumbo situada no Canadá, na cidade de Trail, e que, expelindo partículas sólidas e gases sulforosos, causava, com sua chuva ácida e deposição de compostos de ácido sulfúrico, prejuízos à cidade norte-americana de Newport, transfronteiriça, e também ao Estado de Washington.

---

52. Kiss, Alexandre. *Droit international de l'environnement*. Paris: Pedone, 1989, p. 105.
53. Kiss, Alexandre. Op. cit., p. 105.
54. Soares, Guido Fernando Silva. *A proteção internacional do meio ambiente*, cit., p. 107.
55. Idem. *Direito internacional do meio ambiente*: emergência, obrigações e responsabilidades, cit., p. 685-709.

Inicialmente, as vítimas formularam pleitos perante a Justiça dos Estados Unidos, tendo sido pagas, pela citada fundição, diversas indenizações. Em 1927, o governo federal dos Estados Unidos apresentou reclamação ao Canadá, tendo sido, em 1935, assinado um compromisso em que os Estados envolvidos decidiram submeter a questão à arbitragem internacional. Constou do compromisso arbitral que os árbitros basearíam sua decisão no direito internacional e na prática internacional e também em normas e práticas em vigor nos Estados Unidos.

A sentença final datou de 11/03/1941, e nela os árbitros constataram a inexistência de precedentes nas relações internacionais sobre a poluição atmosférica e da água, mas tão somente a existência da regra geral segundo a qual os Estados devem zelar para que os atos de indivíduos sob sua jurisdição não prejudiquem outros Estados. Por essa razão, decidiram, com base em precedentes da Corte Suprema dos Estados Unidos, que o Canadá era responsável pelos danos causados pela Fundição Trail, pois tinha o dever de zelar para que as pessoas submetidas a sua jurisdição não desrespeitassem regras atinentes a obrigações internacionais do Estado.

Também relativo à poluição atmosférica transfronteiriça, é citado o caso entre duas pessoas jurídicas de direito privado, a empresa pública francesa Houillères du Bassin de Lorraine e o Sr. Poro, proprietário de casas para temporada e de um restaurante na região do Sarre, na fronteira da República Federal Alemã com a França.

A partir de 1953, a empresa francesa passou a operar uma usina termoelétrica e a queimar grandes quantidades de carvão, causando danos à propriedade do Sr. Poro, que, com os efeitos da poluição, tornou-se inapropriada para o turismo.

O caso foi decidido pela justiça alemã, tendo sido favorável ao Sr. Poro, vítima da poluição.

Também importante para o desenvolvimento do direito ambiental foi o caso do petroleiro Torrey Canyon, navio de bandeira liberiana, afretado a uma sociedade californiana e subafretado a uma sociedade britânica, que, em 1967, ao colidir com um recife, liberou no oceano toneladas de petróleo, inaugurando o fenômeno das marés negras, as quais atingiram, em princípio, a Cornualha, e depois, em função do bombardeamento do navio pelo governo inglês, parte do litoral francês.

Embora na época existissem duas convenções relativas à prevenção de poluição marítima por óleo, a de Londres, datada de maio de 1954, e sua emenda, de abril de 1962, os Estados Unidos e a Libéria não eram seus signatários.

Ao mesmo tempo, tanto o direito interno francês como o inglês limitavam o valor das indenizações, não dando uma solução satisfatória ao caso.

Referido caso é de fundamental importância para o direito internacional ambiental, porque levou à adoção, em 1969, em Bonn, do Acordo para Cooperação no Trato com a Poluição do Mar do Norte por Óleo, bem como da Convenção

Internacional sobre Responsabilidade Civil sobre Danos Causados por Poluição por Óleo, e da Convenção Internacional relativa à Intervenção em Alto-Mar em casos de Baixas por Poluição por Óleo.

Também emblemático, dessa vez por derivar de ato legítimo e lícito, pela magnitude do dano ambiental causado, e pela inaplicabilidade das normas constantes de convenções vigentes entre os Estados envolvidos, é o derramamento de óleo ocorrido na década seguinte pelo petroleiro Amoco Cadiz. A maré negra provocada em 1978 pelo acidente ocorrido com esse superpetroleiro, o qual se encontrava em águas territoriais francesas, atingiu um dos principais centros de conchilicultura para consumo francês e exportação, além da produção de algas e sargaço para a indústria química. Além disso, prejudicou a atividade de pesca e a indústria hoteleira, tendo também causado a morte de aves marinhas.

No caso, ao decidir sobre os pedidos de indenização formulados, a Corte de Illinois, que decidiu a questão, rejeitou tais pedidos pela perda da biomassa sob o argumento de que era impossível a avaliação do dano, pois esta tomara por base especulações e também que "as reivindicações diziam respeito a uma *res nullius,* em favor da qual nenhuma pessoa ou organização tinha direito de apresentar indenização".[56]

Por fim, merece também ser citado o vazamento de produtos tóxicos ocorrido em Bhopal, na Índia, que também resultou de atividade lícita da indústria química Union Carbide India Limited (Ucil), estabelecida em território indiano, tendo em vista incentivo do governo local, envolvido em projeto de geração de mão de obra e erradicação da fome. O vazamento, ocorrido em 1984, causou a morte de cerca de 3.000 pessoas e lesões graves em centenas de outras, originando diversos processos judiciais.

Em 1985, o governo federal da Índia promulgou lei que concedia ao governo central o direito exclusivo de sub-rogar-se na representação e no direito de petição pelos danos ocorridos, tanto em relação aos casos já ajuizados quanto em relação às ações futuramente propostas.

Assim, o governo indiano ajuizou, primeiro, ação em Nova York, local de domicílio da empresa Ucil, controladora da Bhopal.

A Justiça de Nova York, todavia, utilizando-se do princípio do *forum non conveniens* (segundo o qual, ao se decidir sobre a incompetência, devem ser consideradas a facilidade para a colheita de provas, a possibilidade de visitas a instalações, facilidades para oitiva de eventuais testemunhas), declarou-se incompetente para julgamento do feito, remetendo-o para os tribunais indianos.

56. Soares, Guido Fernando Silva. *Direito internacional do meio ambiente*, cit., p. 701.

No que toca ao caso Chernobyl, ocorrido em 1986 na União Soviética, levou à assinatura da Convenção sobre Pronta Notificação de Acidentes Nucleares e Convenção sobre Assistência no caso de Acidente Nuclear ou Emergência Radiológica.

O acidente, decorrente de uma explosão química em um dos reatores da usina nuclear de Chernobyl, foi percebido por uma das centrais nucleares da Suécia, que acusava elevação no nível de radiação nuclear local. O reconhecimento do acidente pelo governo soviético ocorreu após grande pressão internacional, resultante da veiculação, pela mídia, de fotos obtidas via satélite. Porém, embora o governo soviético admitisse tão somente a morte de duas pessoas e a radiação em níveis acima dos permitidos em cerca de 29 pessoas, a radiação nuclear causou danos à saúde de mais de 200 indivíduos e, por influência dos ventos, não se circunscreveu ao território soviético, atingindo países como Áustria, Hungria, Itália, Iugoslávia e Reino Unido.

O acidente radioativo, como é bastante comum em danos ambientais, gerou efeitos que se protraíram no tempo e, conforme estimam os cientistas, por 70 anos ainda pessoas poderão morrer de câncer em decorrência dele.

Esses casos, narrados com mais pormenores pelo autor supracitado, tendo cumprido a função de deixar expostas as lacunas existentes no direito internacional em questões ambientais, representaram, de fato, marcos para o fortalecimento do instituto da responsabilidade em direito internacional ambiental.

2.3 CONCEITO DE RESPONSABILIDADE INTERNACIONAL. O ILÍCITO INTERNACIONAL

Em linhas gerais, a responsabilidade pode ser definida como o dever de reparar o dano causado a terceiros por atos ilícitos culposos ou dolosos. Não apenas o indivíduo, no plano do direito interno, mas também o Estado, no plano internacional, pode ser responsabilizado pelos danos causados a terceiros.

Segundo Hildebrando Accioly,

> ... a responsabilidade internacional é uma situação jurídica que tem por base o princípio bem conhecido a partir do qual, tanto na Comunidade das Nações como na sociedade civil, todos os membros da comunidade, em suas relações recíprocas, devem observar as regras de justiça e respeitar seus acordos.[57]

57. "*La responsabilité internationale est une situation juridique ayant pour base le principe bien connu d'après lequel dans la Communauté des Nations, comme dans la société civile, tous les Membres de la Communauté, dans leurs rapports réciproques, doivent observer des régles de justice et respecter leurs engagements*" (tradução livre). Accioly, Hildebrando. Principes généraux de la responsabilité internationale d'après la doctrine et la jurisprudence. *Recueil des Cours de l'Academie de Droit International de la Haye*, n. 96, 1959, p. 353.

Luis Cezar Ramos Pereira[58] explica o instituto da seguinte forma:

> Se fosse realmente sintetizar a solução para o problema proposto, um só texto afirmativo já colocaria a termo o presente trabalho, qual seja, caso um Sujeito de Direito Internacional pratique, através de seus órgãos e/ou através de um outro Estado ou uma Organização Internacional, um fato ilícito ou ato ilícito (ou como alguns dizem erroneamente, um *delito)*, ou um fato ou ato lícito (geralmente baseado no Direito Interno), consciente do dano efetivamente causado, fato ou ato (lícito ou ilícito provocadores de danos), realizados contra um dever/obrigação estabelecido em qualquer *dispositivo* do Direito Internacional; e/ou contra uma *Norma Jurídico-internacional* (como um todo); e/ou contra uma *Obrigação Internacional* (como dita a CDI), afetando com isso um Estado alienígena ou súdito deste, assim como a uma Organização Internacional; estaria, assim, evidenciada a sua incursão na responsabilidade internacional.

Florisbal de Souza Del'Olmo afirma que "responsabilidade internacional é o vínculo jurídico que se forma entre o Estado que transgride uma norma internacional e o Estado lesado, visando o ressarcimento do dano".[59]

Já André de Carvalho Ramos[60] assim a define:

> Em essência, a responsabilidade internacional do Estado é uma reação jurídica, qualificada como sendo instituição, princípio geral do direito, obrigação jurídica ou mesmo situação jurídica pela doutrina e jurisprudência, na qual o Direito Internacional justamente reage às violações de suas normas, exigindo a preservação da ordem jurídica vigente.

Por fim, Francisco Rezek resume o conceito da seguinte forma: "O Estado responsável pela prática de um ato ilícito segundo o direito internacional deve ao Estado a que tal ato tenha causado dano uma reparação adequada".[61]

Embora hodiernamente seja admitida a responsabilidade do Estado por danos causados por atos lícitos, o instituto da responsabilidade internacional do Estado surgiu tendo por base o ilícito.

Assim, é de fundamental importância, antes de partir para o estudo da responsabilidade internacional, ter em conta a noção de ilícito internacional.

58. Pereira, Luis Cezar Ramos. *Ensaio sobre a responsabilidade internacional do Estado e suas conseqüências no direito internacional*: a saga da responsabilidade internacional do Estado. São Paulo: LTr, 2000, p. 26.
59. Del'olmo, Florisbal de Souza. A responsabilidade internacional do Estado: breves considerações e perspectivas. *Revista Forense*, v. 361, maio/jun. 2002, p. 29-40.
60. *Responsabilidade internacional por violação de direitos humanos*: seus elementos, a reparação devida e sanções possíveis, cit., p. 74.
61. Op. cit., p. 269.

Do ponto de vista do valor que as regras jurídicas atribuem a certos fatos, o ilícito pode ser definido como o fato que enseja o surgimento de uma obrigação de reparar ou uma faculdade de sanção. Olhando a questão por esse ângulo, o ilícito existirá sempre que a ordem jurídica autorizar um sujeito a exigir uma reparação ou a impingir uma sanção, ainda que normalmente, nos ordenamentos internos, o direito de exigir a reparação seja dado ao indivíduo e o de impingir uma sanção, ao Estado.[62]

Em consequência do exposto, a qualificação de um ato como ilícito não decorre de uma característica inerente a ele, mas de uma qualificação jurídica, do que se conclui que determinado ato somente será qualificado como ilícito quando cotejado frente a uma dada ordem jurídica.

Dessa forma, para que reste configurado o ilícito internacional, é necessária a ocorrência de infração a uma obrigação internacional, e tal infração constitui o elemento objetivo do ilícito.

É inexato, entretanto, qualificar como ilícita toda ação contrária a uma regra de direito internacional, pois podem existir fatos contrários a regras internacionais que não produzam maiores consequências jurídicas, e, como visto, o ilícito traz como resultado o direito de impingir uma sanção e de pleitear uma reparação.

Nesse tópico, cabe anotar que o ilícito internacional é composto de um elemento objetivo e de um elemento subjetivo.

O elemento objetivo, já mencionado, é constituído por uma conduta, que pode, ela própria, representar uma infração internacional, ou necessitar, para que se configure a infração, de um elemento externo ligado a ela por um nexo de causalidade.

Já o elemento subjetivo está relacionado à existência de um sujeito jurídico de direito internacional a quem possa ser imputada a conduta.

A necessidade de apuração da existência de "culpa" como condição para a imputação de ilícito internacional será analisada mais adiante. Por ora, é importante ressaltar que, em suas origens, o instituto da responsabilidade internacional do Estado baseou-se na noção da culpa como condição necessária à imputação de um ilícito internacional.

Conclui-se, de todo o exposto, que a matéria estudada no campo da responsabilidade internacional do Estado relaciona-se às consequências que o direito internacional atribui ao descumprimento, por um Estado, de normas de direito internacional a que, em geral, ele próprio se submeteu. O descumprimento de ditas normas, por sua vez, configura, em regra, ilícito internacional.

---

62. Ago, Roberto. Le délit international. *Recueil des Cours de l'Academie de Droit International de La Haye*, n. 68, p. 419-554, 1939, v. 68 – (1939 – II).

Ocorre que, no plano internacional, inexistindo uma autoridade central competente para edição de normas, a responsabilidade, nas palavras de Carlos Roberto Husek,[63] "é um instituto de direito consuetudinário e tem um aspecto político na tentativa de limitar o uso da força ou evitar a guerra".

Na doutrina clássica do direito, as normas jurídicas emanam de uma autoridade central e contêm uma sanção a ser aplicada em caso de descumprimento. No âmbito internacional, esse último aspecto, a sanção, nas palavras de Valério de Oliveira Mazzuoli,[64] "é mais elemento de sua eficácia do que de sua existência".

Isso porque, conforme explica este autor, ao contrário das normas internas, que emanam de uma autoridade central, as normas internacionais emanam de uma autoridade conjunta e seus atores estão juridicamente em pé de igualdade, o que dificulta e, por vezes, inviabiliza a reparação do dano por ato ilícito.[65]

A tendência atual do moderno direito internacional é a de progressivamente restringir a faculdade do Estado ofendido de aplicar unilateralmente sanções e medidas coercitivas, circunscrevendo sua aplicação às infrações mais leves, particularmente as de natureza econômica. Tal se justifica em razão do paradigma hoje vigente no direito internacional segundo o qual se prioriza a cooperação entre os Estados em busca da paz e do desenvolvimento de todos, objetivos que não se coadunam com a imposição unilateral de sanções por um Estado a outro.

Assim, o pedido de reparação deve, em regra, preceder a aplicação de uma sanção, que pode ser evitada pelo Estado culpado caso ele promova a justa e adequada reparação do dano.[66]

A responsabilidade internacional do Estado ainda tem uma existência frágil justamente em função da ausência de poder central na sociedade internacional, e também de mecanismos eficazes de atuação estatal. Apesar disso, constitui-se um princípio fundamental do direito internacional público e traduz, em última análise, a reparação dos danos sofridos por um Estado em decorrência de atos praticados por outro.[67]

Tem, portanto, o instituto, dupla finalidade: coagir os Estados ao cumprimento de compromissos internacionais e atribuir ao Estado prejudicado uma justa reparação, colaborando, com isso, para a manutenção de maior equilíbrio e harmonia no âmbito da sociedade internacional.[68]

---

63. Husek, Carlos Roberto. *Curso de direito internacional público*. 8. ed. São Paulo: LTr, 2008. p. 109.
64. *Curso de direito internacional público*, cit., p. 457.
65. Idem, p. 458.
66. Ago, Roberto. *Second report on State responsibiliy*: the origin of the international responsibility, document A/cn.4/233. Extract from the Yearbook of the International Law Commission – 1970, v. II. Downloaded from the web site of the International Law Commission: <http://www.un.org/law/ilc/index.htm)>. United Nations, p. 183.
67. Mazzuoli, Valério de Oliveira, cit., p. 458.
68. Idem, p. 459.

2.4 HISTÓRICO

Valério de Oliveira Mazzuoli[69] cita como marco para o surgimento da teoria moderna da responsabilidade internacional o assassinato, em Jerusalém, em 17 de setembro de 1948, do conde sueco Folke Bernadotte, mediador da ONU na Palestina, e do coronel francês André Serot, líder dos observadores franceses, por membros do grupo terrorista Stern, após a declaração, em maio daquele ano, pelo primeiro-ministro Ben Gurion, do estabelecimento do Estado de Israel, e após a invasão deste pela Liga Árabe.

Diversos outros agentes internacionais sofreram danos pessoais e apresentaram reclamação à ONU. Esta, por meio de resolução, solicitou parecer à Corte Internacional de Justiça (CIJ), a qual se manifestou no sentido de que a reclamação da organização internacional não se confunde com a apresentada diretamente pelas vítimas. Entendeu a Corte que a ONU, como sujeito de direito internacional, era detentora de personalidade jurídica distinta da de seus membros e podia apresentar reclamação internacional.

Anote-se, entretanto, que desde 1944 o instituto já constava da agenda de trabalhos da Comissão de Direito Internacional da ONU, que, pela Resolução 799 da Assembleia-Geral de 7 de dezembro de 1953, requereu à CDI que iniciasse um estudo para a codificação de normas relativas à responsabilidade internacional do Estado.[70]

Em 1955, o Professor Garcia Amador foi nomeado relator da Comissão, sendo de sua autoria seis relatórios, os quais trataram, principalmente, da questão da responsabilidade dos Estados por danos causados à pessoa ou a bens de estrangeiros.

Os trabalhos da CDI relativos à responsabilidade internacional do Estado foram temporariamente suspensos em razão de divergências quanto ao enfoque dado ao tema, que, como já dito, restringiu-se a tratar dos danos causados a estrangeiros, os quais constituem apenas uma pequena parcela dos casos em que surge a responsabilização internacional do Estado, até que em 1963 foi nomeado relator da Comissão o Professor Roberto Ago.

Coube a este professor fixar as bases da concepção do futuro projeto sobre responsabilidade internacional mediante oito relatórios, que foram adotados pela CDI e mantidos, com poucas alterações, pelos relatores que o sucederam. Tais relatórios constituem a primeira parte do projeto da Comissão de Direito Internacional das Nações Unidas sobre responsabilidade internacional dos Estados.

69. *Curso de direito internacional público*, cit., p. 460.
70. Sobre a evolução dos trabalhos da CDI conferir em Guido Fernando Silva Soares. *Direito internacional e meio ambiente*: emergência, obrigações e responsabilidades, cit., p. 718-725.

Em 1979, Roberto Ago, nomeado para o cargo de Juiz da Corte Internacional de Justiça, foi substituído por Willem Riphagen, que apresentou sete relatórios, nos quais examinou a segunda e a terceira partes do projeto Ago, sendo responsável pela redação dos cinco primeiros artigos da segunda parte, que foram provisoriamente adotados pela Comissão.

Ao término de seu mandato, Willem Riphagen foi substituído por Gaetano Aranjo-Ruiz, o qual propôs a redação dos arts. 6º a 14º da segunda parte do projeto, adotados pela CDI e aprovados pela Assembleia-Geral da ONU, e mais seis artigos e um anexo para a terceira parte, que não foram examinados pela CDI.

Gaetano Aranjo-Ruiz foi substituído em 1996 por James Crawford e foi sob a relatoria deste jurista que a Comissão de Direito Internacional da ONU aprovou, em sua 48ª sessão, o texto do primeiro projeto de convenção internacional sobre responsabilidade internacional do Estado.

O projeto conta com 58 artigos que cuidam do nascimento da responsabilidade, elementos e formas de exoneração, formas e graus da responsabilidade internacional do Estado, implementação da responsabilidade internacional, com a aplicação de sanções, e dispositivos gerais.

No que toca à responsabilidade dos Estados por danos causados por atos não proibidos pelo direito internacional, em 1977 a CDI inscreveu o tema em sua agenda como matéria prioritária, tendo sido indicado como relator, em 1979, o embaixador da Nova Zelândia Roberto Quentin-Baxter, substituído após sua morte pelo embaixador argentino Júlio Barboza, o qual apresentou proposta com 33 artigos.

Os trabalhos da CDI relativos a esse tema podem ser divididos em duas etapas, tendo inicialmente sido enfatizada a responsabilidade do Estado por atividades de alto risco, para posteriormente se abarcar todo tipo de dano transfronteiriço, inclusive os de natureza contínua e cumulativa.

Anote-se, por fim, que o projeto da CDI sobre responsabilidade internacional do Estado por ato ilícito aprovado em 2001, apesar de pender de adesão e assinaturas, fornece diversos elementos para o estudo do assunto.

2.5 NATUREZA JURÍDICA

Acerca da responsabilidade internacional do Estado, há duas grandes teorias, a subjetiva ou teoria da culpa, e a objetiva, também chamada teoria do risco.[71]

71. Neste trabalho, utilizaremos as expressões responsabilidade objetiva ou por risco como sinônimas, para designar a responsabilidade por danos causados em função do exercício de atividades lícitas. Cabe entretanto anotar que alguns autores consideram que o projeto da CDI adotou, em seu art. 3º, o princípio da responsabilidade objetiva, uma vez que não foi utilizado, na definição de ilícito, qualquer elemento psicológico ou de causalidade natural. André de Carvalho Ramos considera a adoção pela CDI do princípio da responsabilidade objetiva e diferencia responsabilidade internacional do Estado objetiva de responsabilidade internacional do

A teoria subjetiva antecedeu historicamente a objetiva e está baseada na concepção tradicional, influenciada pelo direito romano, segundo a qual não há responsabilidade sem culpa. Ela teve em Hugo Grotius seu grande expoente.

Em sua obra *O direito da guerra e da paz*,[72] ao colocar a questão sobre até que ponto os poderes civis são responsáveis pelo prejuízo causado pelos súditos, assim respondeu o autor:

> São obrigados por causa de sua negligência os reis e os magistrados que não empregam os remédios que podem e devem empregar para impedir os latrocínios e as piratarias. Foi a este título que os habitantes de Scyros foram condenados outrora pelos 'anfictiões'. Recordo-me que os chefes de nossa pátria concederam a grande número de cidadãos, por comissão, o poder de fazer no mar capturas do inimigo. Alguns desses armadores se apoderaram das coisas pertencentes a amigos, abandonaram o país e se puseram a percorrer o mar, não tendo mais retornado embora fossem chamados. Por causa disso foi perguntado se nossos chefes eram obrigados por se terem servido de gente de má-fé ou por não ter exigido deles uma caução. Eu disse que não estavam obrigados a nada mais que puni-los ou entregar os culpados se pudessem ser encontrados. Além disso, a fazer justiça com relação aos bens dos saqueadores. Eles não tinham sido a causa dessa injusta pirataria e em nada haviam participado. Não estavam obrigados por nenhum direito a exigir uma caução, porquanto podiam conceder o poder a todos os súditos, mesmo sem comissão, de despojar o inimigo, o que havia sido feito outrora. Tal permissão não foi a causa do dano feito aos aliados, porquanto os cidadãos privados podiam mesmo sem uma permissão similar armar navios e aventurar-se pelos mares. Não tinham conseguido prever, por outro lado, que esses armadores fossem uns miseráveis e não é possível, ainda, evitar de empregar os serviços de desonestos, caso contrário, não se conseguiria reunir nenhum exército.

Tomando por base os ensinamentos de Hugo Grotius e a premissa de que não há responsabilidade sem culpa, desenvolveu-se posteriormente a teoria da responsabilidade internacional por *patientia* ou *receptus*, segundo a qual o Estado é responsável por atos ilícitos de seus funcionários ou particulares quando se torna "cúmplice" de referidos atos, aprova-os ou os ratifica ou, ainda, quando se recusa a punir os culpados.

Assim, a responsabilidade internacional derivaria de um ato culposo ou doloso do Estado, não bastando a prática do ato ilícito, sendo necessário o elemento volitivo,

---

Estado absoluta ou teoria do risco, cuja característica é a eliminação do fato internacionalmente ilícito como elemento constitutivo da responsabilidade internacional do Estado. Tal terminologia seria então utilizada em caso de responsabilização do Estado por atividades lícitas (Ramos, André de Carvalho. *Responsabilidade internacional por violação de direitos humanos*, cit.).

72. Grotius, Hugo. *O direito da guerra e da paz*. Trad. Ciro Mioranza. Ijuí: Editora Unijuí, 2004, v.1, p. 722-723.

ou seja, o Estado deve ter agido com culpa ou dolo. Dessa forma, presume-se que o Estado não é responsável antes que seja comprovado que o dano decorreu de sua negligência, imprudência ou dolo.

Com algumas variações, foi a posição tradicional preconizada por Hugo Grotius que permaneceu durante o século XIX, sendo Heinrich Triepel[73] o responsável pela primeira grande mudança de pensamento. Para este autor, a questão da culpa surge em casos em que há responsabilidade do Estado por atos de particulares.

Nessas situações, seguindo a teoria tradicional, Triepel entende que, se um Estado é indiferente a um indivíduo que ofende um Estado vizinho, não agindo contra este indivíduo, é responsável por fato próprio e não pelo fato do indivíduo. Em outras palavras, o Estado responde quando, por negligência, deixa de fazer o que deveria fazer, não impedindo a ocorrência do fato.[74]

Ainda, segundo Triepel, o direito internacional abarca duas espécies de responsabilidade, que repousam sobre diferentes fundamentos, mesmo que derivem de um só fato: de um lado, a obrigação de reparar o dano, que nascerá após a constatação da negligência do Estado e tem suas bases no direito romano e na teoria de Grotius, e de outro lado, a obrigação de dar uma satisfação ao Estado ofendido, obrigação que nasce da ação individual, independentemente da constatação de culpa do Estado.[75]

Para o autor, a obrigação de "dar a satisfação" é objetiva, e a obrigação de reparar é subjetiva.

Assim, a culpa será utilizada nos ilícitos praticados por omissão, em que se constate a negligência do Estado, sendo objetiva a responsabilidade por atos próprios do Estado, praticados por meio de seus agentes.

A teoria de Triepel, apesar de ter o mérito de diferenciar os atos do Estado dos atos dos particulares e introduzir a responsabilidade objetiva no âmbito do direito internacional, não obteve grande apoio da doutrina.

Foi no início do século XX que Dionísio Anzilotti sustentou a teoria objetiva ou do risco. Segundo Anzilotti,[76] a imputabilidade é definida como a relação entre o ilícito e a atividade do Estado, e deve ser considerada como simples relação de causalidade, independentemente da aferição de dolo ou culpa.

Afirma o autor que a imputação de fatos ao Estado é sempre um efeito de normas jurídicas e, assim, sempre que houver uma norma prevendo a responsabilidade internacional do Estado por fatos determinados, deve-se inquirir se tal norma, expressa

73. Triepel, Heinrich. *Droit international et droit interne*. Tradução de René Brunet. Paris: Pédone, 1920.
74. Idem, ibidem, p. 330.
75. Idem, ibidem, p. 331-332.
76. Anzilotti, Dionísio. *Cours de droit international*. Traduction française d'après la troisième édition italienne, revue et mise au courant par l'auteur, par Gilbert Gidel. Paris: Librairie de Recueil Sirey, 1929 *(Premier Volume: Introduction – Théories Générales)*.

ou tacitamente, subordina a imputação à culpa ou ao dolo ou visa tão somente a existência de um fato objetivamente contrário ao direito internacional.[77] Assim, verifica-se que, para Anzilotti, a necessidade de aferição de dolo ou de culpa depende da existência de norma que, expressa ou tacitamente, desse modo determine.

No que concerne à responsabilidade por omissão, afirma o autor que a responsabilidade não surge da "culpa" do Estado, mas da abstenção do dever de vigilância ou de tomar as medidas necessárias para evitar o evento.[78]

Portanto, tem-se que, para a teoria objetiva, a responsabilidade nasce da violação de uma norma de direito internacional e deriva do nexo de causalidade entre o dano sofrido por um Estado e o ato praticado por outro, não importando se houve culpa ou dolo e tampouco os motivos que levaram o Estado a praticar o ato.

Em que pesem as críticas formuladas à teoria objetiva quando de seu surgimento, não há dúvidas de que ela oferece maior segurança às relações internacionais, sobretudo considerando-se a complexidade da sociedade globalizada, onde os eventos são causados por diferentes fatores e agentes, o que leva à dificuldade cada vez maior de se aferir a culpa e, consequentemente, de se obter a reparação do dano.

Todavia, tem sido a teoria subjetiva, de difícil comprovação por conter um elemento psicológico e que oferece maior proteção ao Estado, que prevalece na jurisprudência internacional.

Necessário frisar, entretanto, que o projeto da CDI sobre responsabilidade internacional dos Estados não incluiu a expressão culpa em seu art. 2º,[79] que conceitua ato ilícito. Optou a CDI pela concepção segundo a qual o liame que liga a ação ou omissão ao Estado é dado pela norma jurídica, descartando, assim, a aferição de um elemento psicológico.

Deve-se pontuar aqui que os trabalhos da Comissão de Direito Internacional da ONU concentraram-se, prioritariamente, na responsabilidade internacional do Estado por ato ilícito, deixando para uma segunda etapa a questão da responsabilidade por risco, em decorrência do exercício de atividades lícitas e perigosas.

Constou do segundo relatório da Comissão de Direito Internacional da ONU sobre responsabilidade internacional que, ainda que se reconheça a existência crescente de questões envolvendo atos lícitos, como os relacionados às atividades

77. Anzilotti, Dionísio. Op. cit., p. 498-499, tradução livre: "*Toutes les fois qu'existe une norme que prévoit la responsabilité internationale de l'Etat pour des faits déterminés, il est besoin de rechercher si cette norme, expressément ou tacitement, suivant son sens et son esprit, subordonne l'imputation à la faute (ou au dol) des organes, ou bien au contraire, envisage seulement l'existence d'un fait objectivement contraire au droit international*".
78. Anzilotti, Dionísio. Op. cit., p. 503.
79. "*Article 2. Elements of an internationally wrongful act of a State. There is an internationally wrongful act of a State when conduct consisting of an action or omission: (a) is attributable to the State under International law; and (b) constitutes a breach of an international obligation of the State.*"

espaciais ou nucleares, dada a total diferença de fundamentos, já que a responsabilidade por atos lícitos está fundada na teoria do risco, bem como em função da diferença entre as regras aplicáveis, a Comissão considerará primeiro a responsabilidade dos Estados por atos ilícitos, pretendendo tratar separadamente o tópico relativo à responsabilidade por atos lícitos.[80]

A teoria objetiva ou do risco tem sido utilizada em casos relativos a exploração cósmica, energia nuclear, direitos humanos e alguns casos de proteção internacional ao meio ambiente, sobretudo quando o dano decorre de atividades não proibidas mas que apresentam riscos ao meio ambiente.

Caso recente e que colocou em discussão a responsabilidade do Estado por dano ambiental e, consequentemente, a responsabilidade objetiva do Estado, é o litígio que ocorreu entre Argentina e Uruguai, que discordavam quanto à decisão de instalação de fábricas de celulose na cidade uruguaia de Fray Bentos, na margem uruguaia do rio que serve como fronteira entre os dois países.

A Argentina, temendo a ocorrência de danos irreparáveis ao seu meio ambiente e à sua economia por conta da poluição do rio Uruguai, levou o conflito à Corte Internacional de Haia, argumentando que o Uruguai havia violado tratado bilateral existente entre os dois países que os obrigava à realização de consultas prévias antes de autorizar obras que pudessem afetar o rio.

A Corte, em sua decisão final, concluiu que, embora as circunstâncias narradas pela Argentina não autorizassem a suspensão dos trabalhos de construção das fábricas de celulose, o Uruguai é responsável por todos os riscos e danos decorrentes da construção das fábricas.

Tal caso é de suma importância para o direito internacional, tendo em vista a decisão da CIJ acerca da responsabilidade por risco atribuída ao Uruguai, além da aplicação de princípios fundamentais ao direito ambiental, como o da preservação, proteção ao meio ambiente e precaução.

Jurisprudência internacional:

Embora ainda pendente de julgamento pela Corte Internacional de Justiça, vale citar, por tratar-se de caso em que o direito pleiteado está diretamente relacionado ao

80. Ago, Roberto. *Second report on State responsibility*, p. 178: "*While recognizing the importance, alongside that of responsibility of internationally wrongful acts of questions relating to responsibility arising out of the perfomance of certain lawful activities – such as spatial and nuclear activities – the Commission believes that questions in this latter category should not be dealt with simultaneously with those in the former category. Owing to the entirely different basis of the so-called responsibility for risk, the different nature of the rules governing it, its content and the forms it may assume, a simultaneous examination of the two subjects could only make both of them more difficult to grasp. The Commission will therefore proceed first to consider the topic of the responsibility of States for internationally wrongful acts. It intends to consider separetely the topic of responsibility arising from lawful activities, as soon as progress with its programme of work permits*".

meio ambiente, a demanda interposta pelo Equador contra a Colômbia, em razão das pulverizações aéreas de herbicidas tóxicos efetuadas sobre o território do Equador.

Segue, em tradução livre, breve resenha acerca das alegações do Equador:[81]

"Equador instaura procedimento contra Colômbia com relação a disputa relativa a alegada pulverização aérea de herbicidas tóxicos feita pela Colômbia sobre território equatoriano.

Haia, 01 de abril de 2008. Na última tarde de 31 de março de 2008, o Equador buscou a Corte Internacional de Justiça (CIJ) em razão de disputa entre ele e a Colômbia, relativa à alegada 'pulverização aérea' feita pela Colômbia de herbicidas tóxicos em locais próximos e além de sua fronteira com o Equador.

Em sua demanda o Equador declara que "a pulverização já causou sérios danos a pessoas, colheitas, animais e ao meio ambiente natural no lado equatoriano da fronteira e apresenta graves riscos de danos futuros a qualquer tempo. Alega ainda que realizou repetidos e sustentáveis esforços para negociar um fim às fumegações mas estas negociações foram malsucedidas.

O Equador pede que a Corte julgue e declare que:

a) a Colômbia violou suas obrigações internacionais causando ou permitindo o depósito no território do Equador de herbicidas que causaram danos à saúde humana, propriedade e meio ambiente.

b) a Colômbia deve indenizar o Equador por qualquer perda ou dano causado por seus atos ilícitos internacionais, a saber, o uso de herbicidas, incluindo dispersão aérea e em particular:

(i) morte ou danos à saúde de qualquer pessoa advindos do uso destes herbicidas; e

(ii) qualquer perda ou dano à propriedade ou meio de vida ou direitos humanos destas pessoas; e

(iii) danos ao meio ambiente ou redução de recursos naturais; e

(iv) custos de monitoramento para identificação e avaliação de riscos futuros à saúde pública, direitos humanos e meio ambiente resultantes do uso de herbicidas pela Colômbia; e

(v) qualquer outra perda ou dano; e

(c) a Colômbia deve :

(i) respeitar a soberania e integridade territorial do Equador; e

(ii) imediatamente, tomar todas as medidas necessárias para prevenir, em qualquer parte de seu território, o uso de qualquer herbicida tóxico de maneira que estes possam ser depositados no território do Equador e

81. Disponível em: <http://www.icj-cij.org/docket/files/138/14470.pdf>. Acesso em: 10/set./2009.

(iii) proibir o uso destes herbicidas, pelo meio de dispersão aérea, no Equador ou em local próximo à fronteira com o Equador".

Como base para a jurisdição da Corte, Equador invoca o Artigo XXXI do Tratado Americano de Solução Pacífica de Conflitos (conhecido oficialmente como "Pacto de Bogotá") de 30 de abril de 1948, no qual ambos os Estados são partes. O Equador também faz referência ao Artigo 32 da Convenção das Nações Unidas de 1988, contra tráfico ilícito de drogas narcóticas e substâncias psicotrópicas.

Em sua demanda o Equador reafirma sua oposição "à exportação e consumo de entorpecentes" mas enfatiza que os problemas apresentados à Corte "relacionam-se exclusivamente aos métodos e locais das operações colombianas para erradicação de plantações ilícitas de coca e papoulas – e os efeitos danosos destas operações ao Equador".

2.6 CARACTERÍSTICAS DA RESPONSABILIDADE INTERNACIONAL DO ESTADO

Como visto, a responsabilidade internacional do Estado tem por base a vinculação dos Estados ao cumprimento dos compromissos assumidos no plano internacional e visa, primordialmente, a reparação de um prejuízo causado a um Estado em função de ato ilícito praticado por outro.

A Comissão de Direito Internacional da ONU utilizou-se, para a caracterização da responsabilidade, dos conceitos de normas primárias e secundárias.

Normas primárias são constituídas por obrigações de direito internacional que, quando descumpridas, desencadeiam a obrigação de reparar ou de aplicar uma sanção, sendo esta segunda obrigação chamada de secundária.

Conforme explica André de Carvalho Ramos,[82] o "sentido final da obrigação secundária é o de substituir a obrigação primária, o que pode ser feito com o retorno ao *status quo ante*, com a reparação de todos os danos causados e ainda com a aplicação de pena de desestímulo ao Estado infrator".

A caracterização da responsabilidade com base no conceito de normas primárias e secundárias é oposta ao posicionamento de Kelsen,[83] para quem a noção de regra

82. *Responsabilidade internacional por violação de direitos humanos*: seus elementos, a reparação devida e sanções possíveis, cit., p. 75.

83. Conferir em Kelsen, Hans. *Teoria pura do direito*. Trad. João Baptista Machado. Revisão para edição brasileira de Silva Vieira. 2. ed. São Paulo: Martins Fontes, 1987, p. 128: "Se o Direito é concebido como ordem coercitiva, uma conduta apenas pode ser considerada como objetivamente prescrita pelo Direito e, portanto, como conteúdo de um dever jurídico, se uma norma jurídica liga à conduta oposta um ato coercitivo como sanção. Costuma-se, na verdade, distinguir norma jurídica e dever jurídico e dizer que uma norma jurídica estatui um dever jurídico. Porém, o dever jurídico de realizar determinada conduta não é uma situação de fato diversa da norma jurídica que prescreve esta conduta. A afirmação de que um indivíduo é juridicamente

jurídica é identificada com um princípio operante de ligação de um ato coercitivo a uma situação material e, assim, a sanção será a única consequência jurídica criada para todas as regras de direito e não somente para as regras relativas aos delitos.[84]

Sobre o conteúdo das obrigações secundárias, existem três posições doutrinárias.

A doutrina clássica considera que o descumprimento da obrigação primária gera a obrigação de reparar os danos eventualmente causados. Para Hildebrando Accioly,[85] a consequência da violação das regras primárias é a obrigação de reparar a falta ou o prejuízo causado.

Kelsen, por sua vez, sustenta a possibilidade de adoção, pelo Estado lesado, de medidas coercitivas para obter o cumprimento da obrigação:

> As sanções do Direito Internacional geral (represálias e guerra) – das quais se falará mais tarde – não são, na verdade, qualificadas quer como penas, quer como execução civil, mas representam, tal como estas, uma privação compulsória de bens ou, o que significa o mesmo, uma lesão, estatuída pela ordem jurídica, de interesses de um Estado (que, aliás, em outras circunstâncias, são protegidos) por parte de um outro Estado. Se se admite que, segundo o Direito Internacional vigente, um Estado apenas pode recorrer às represálias ou à guerra contra um outro quando este se recusar

obrigado a uma determinada conduta é idêntica à afirmação: uma norma jurídica prescreve uma determinada conduta ligando à conduta oposta um ato coercitivo como sanção".

84. Confira-se a distinção de Kelsen entre sanção e responsabilidade: "Muitas vezes o dever jurídico em que se constitui um indivíduo de ressarcir os prejuízos materiais ou morais causados por ele ou por outrem é interpretado como sanção e, por isso, também este dever é designado como responsabilidade. Essa construção confunde os conceitos de dever jurídico, de responsabilidade e de sanção. A sanção não é em si mesma um dever – ela pode ser estatuída como tal, porém, não tem necessariamente de o ser –, mas é ato coercitivo que uma norma liga a uma determinada conduta cuja conduta oposta é, desse modo, juridicamente prescrita, constituindo conteúdo de um dever jurídico. Também pode exprimir-se isto dizendo: a sanção é o ato coercitivo que constitui o dever jurídico. Também a responsabilidade não é – como se mostrou – um dever, mas a relação do indivíduo contra o qual o ato coercitivo é dirigido com o delito por ele ou por outrem cometido. O dever é a omissão do delito por parte do indivíduo cuja conduta forma o delito. A ordem jurídica pode constituir os indivíduos no dever de não causarem prejuízos a outrem sem estatuir a obrigação ou o dever de indenizar os prejuízos causados com a infração daquele primeiro dever. Um tal dever de indenização apenas existe quando não somente a produção de um prejuízo mas também a não indenização do prejuízo antijuridicamente causado é considerada pressuposto de uma sanção. O fato de que a ordem jurídica obriga à indenização de um prejuízo é corretamente descrito na seguinte proposição jurídica: se um indivíduo causa a outrem um prejuízo e este prejuízo não é indenizado, deve ser dirigido contra o patrimônio de um outro indivíduo um ato coercitivo como sanção, quer dizer, deve retirar-se compulsoriamente de um outro indivíduo um valor patrimonial e atribuí-lo ao indivíduo prejudicado, para ressarcimento do prejuízo. Um indivíduo poderia – como já foi notado – ser constituído no dever de não causar a outrem um prejuízo, sem ser obrigado a indenizar o prejuízo causado com a infração daquele dever. Tal seria o caso se ele não pudesse evitar a sanção através da indenização do prejuízo. Segundo o Direito positivo, porém, ele pode – normalmente – evitar a sanção pela indenização do prejuízo. Quer dizer: ele não só é obrigado a não causar a outrem qualquer prejuízo com a sua conduta, mas ainda, no caso de, com essa sua conduta, ter causado um prejuízo a outrem, a indenizar esse prejuízo. A sanção da execução civil constitui dois deveres: o dever de não causar prejuízos, como dever principal, e o dever de ressarcir os prejuízos licitamente causados, como dever subsidiário que vem tomar o lugar do dever principal violado. O dever de ressarcir prejuízos não é uma sanção, mas é esse dever subsidiário". (Kelsen, Hans. Op. cit., p. 136-137).

85. Op. cit., p. 353.

> a indenizar os prejuízos que lhe foram ilicitamente causados, e que estes atos de coerção apenas podem ser efetivados com o fim de obter a indenização, então existe um certo parentesco entre as sanções do Direito Internacional geral e a execução forçada do Direito Civil.[86]

Por fim, uma terceira posição defende que a violação de uma obrigação internacional origina mais de uma relação jurídica: o Estado ofendido pode obter uma reparação ou impingir uma punição.

Entretanto, observe-se que, conforme mencionado anteriormente, a tendência atual do direito internacional é a restrição da faculdade do Estado ofendido de unilateralmente escolher sanções a serem aplicadas, emergindo a tendência de que a reparação preceda a aplicação da sanção ainda quando esta, em tese, seja permitida.

Assim, o sentido da obrigação secundária é o retorno à situação anterior com a reparação dos danos causados, sendo que, em caso da impossibilidade de reparação efetiva do dano, a reparação deve ser em dinheiro, mediante indenização.

É também característica da responsabilidade internacional que ela se opere sempre de Estado para Estado, ainda que o ato ilícito tenha sido praticado por um indivíduo ou a vítima seja um particular.

De fato, a Declaração dos Direitos do Homem não garantiu que simples indivíduos tivessem acesso às cortes internacionais. Nesse caso, o Estado nacional da vítima pode endossar a reclamação. Por meio desse endosso, o Estado se substitui ao particular, tornando-se parte na lide.

Anote-se, porém, que, com a emergência da proteção internacional aos direitos humanos, entre os quais se insere o direito ao meio ambiente, observa-se uma tendência cada vez maior de abertura de acesso do indivíduo a cortes internacionais, sem necessidade de intervenção estatal.

Guido Fernando Silva Soares[87] observa que o instituto da proteção diplomática, quando há o endosso, pelo Estado, da reclamação do indivíduo, tende a desaparecer porque o acesso direto de indivíduos a tribunais judiciários ou arbitrais internacionais é cada vez mais permitido no cenário internacional, citando, como exemplos, o fato de os indivíduos, na Comunidade Europeia, poderem pleitear indiretamente contra os Estados por meio de *recurso de interpretação* (interposto perante os tribunais nacionais); a possibilidade de reclamação diretamente à Corte da Comunidade Europeia para pedir anulação de medidas adotadas pela Comunidade que sejam contrárias a seus direitos; a garantia de acesso direto à Corte Europeia dos Direitos Humanos; o Centro Internacional de Resoluções de Disputas relativas

86. Kelsen, Hans. Op. cit., p. 123.
87. *Direito internacional do meio ambiente*: emergência, obrigações e responsabilidades, cit., p. 753-754.

a Investimentos Internacionais (ICSID – *International Centre for Settlement of Investment Disputes*), que é uma instituição arbitral destinada aos investidores privados; e a possibilidade de acesso de pessoas de direito privado ao Tribunal Europeu em Matéria de Imunidades dos Estados.

A nosso ver, a liberação do acesso do indivíduo às cortes internacionais sem necessidade de endosso do Estado favorecerá em muito a proteção ao meio ambiente, na medida em que este é considerado um direito humano fundamental e o livre acesso do indivíduo para reclamar sua proteção evita a ocorrência de entraves burocráticos e políticos, já que, como veremos no tópico seguinte, o endosso é uma opção política do Estado, que, de acordo com seus interesses, pode concedê-lo ou recusá-lo.

2.7 PROTEÇÃO DIPLOMÁTICA

Vimos anteriormente que o indivíduo não possui personalidade jurídica para apresentar reclamação internacional, sendo necessário que o Estado de que é nacional endosse sua reclamação.

Por intermédio da proteção diplomática, o Estado endossa a reclamação de um de seus nacionais que tenha sofrido um dano atribuído a um Estado estrangeiro, com o objetivo de obter uma reparação.

Com o endosso, o Estado passa a exercer o controle da controvérsia exercitando direito próprio, podendo transigir, desistir e, inclusive, intentar ação à revelia do indivíduo lesado. Ainda, pelas normas internacionais, a indenização resultante da ação pertence ao Estado que exerceu a proteção diplomática e não à vítima, podendo, entretanto, haver normas do direito interno que disciplinem a destinação do ressarcimento.

Embora seja facultado aos particulares o pedido de proteção diplomática ao Estado, eles não têm *direito* à sua obtenção. A concessão ou não do endosso é ato discricionário do Estado, que, ao mesmo tempo em que pode negar a proteção diplomática a um nacional que a solicita, pode concedê-la à sua revelia e independentemente de qualquer pedido. Francisco Rezek lembra que é comum, no âmbito dos direitos individuais elementares, que a proteção diplomática se dê independentemente de pedido. Diplomatas e cônsules, tão logo tenham notícia de lesões aos direitos de seus nacionais, costumam agir sem esperar manifestação formal da vítima requerendo a proteção do Estado.[88]

No entanto, para que ocorra o endosso, alguns requisitos são necessários: a vítima deve ser pessoa física ou jurídica nacional do Estado reclamante, deve ter

88. Rezek, Francisco. Op. cit., p. 277.

esgotado os recursos internos disponíveis para a proteção de seus direitos, e não pode ter agido com culpa ou contribuído para a criação do dano.[89]

Quanto às condições necessárias para que se dê o endosso, são importantes algumas considerações específicas sobre o esgotamento dos recursos internos e a nacionalidade da vítima.

Antônio Augusto Cançado Trindade, em *O direito internacional em um mundo em transformação*,[90] ensina que a origem da regra do esgotamento dos recursos internos precede a teoria da responsabilidade do Estado.

Muitas discussões ocorreram por conta da natureza jurídica de mencionada regra, cindindo-se as opiniões em duas grandes correntes: uma que define tal regra como de natureza substantiva, e outra, que lhe atribuiu natureza processual.

A questão acerca da natureza jurídica da regra não é puramente teórica e implica uma consequência prática essencial: a determinação do momento do nascimento da responsabilidade internacional do Estado.

A diferença de pensamento entre as duas correntes e sua influência no momento do nascimento da responsabilidade internacional são bem explicadas por Antônio Augusto Cançado Trindade na obra já citada, da qual passamos a transcrever um pequeno trecho:[91]

> Para os adeptos da teoria processual da natureza da regra do esgotamento dos recursos internos o aspecto ou momento crucial é o da violação inicial do direito internacional ou o ato internacionalmente ilícito, ao passo que para os partidários da tese substantiva o momento crucial para o nascimento da responsabilidade internacional é o da denegação da justiça após o esgotamento dos recursos internos. Na primeira hipótese, pode o Estado eximir-se da responsabilidade ao reparar os danos (*local redress*), enquanto na segunda, o Estado somente incorrerá em responsabilidade se deixar de reparar os danos (falta de *redress*).

Dessa forma, como explica o autor, algumas consequências resultam da adoção de um ou de outro ponto de vista: considerando-se que a regra do esgotamento dos recursos internos tem natureza substantiva, a possibilidade de proteção diplomática e a responsabilidade internacional surgem em um mesmo momento, ao passo que, caso se considere a natureza processual, a responsabilidade surge com o ilícito e somente é implementada por meio da proteção diplomática quando esgotados os recursos internos. Apresenta-se, então, como uma condição processual para o exercício da reclamação.

---

89. Mazzuoli, Valério de Oliveira. *Curso de direito internacional público*, cit., p. 462.

90. A determinação do surgimento da responsabilidade internacional dos Estados (1978). In: *O direito internacional em um mundo em transformação*, cit., p. 371-407.

91. *O direito internacional em um mundo em transformação*, cit., p. 405.

A questão acerca da natureza jurídica da regra do esgotamento dos recursos internos não se encontra pacificada na doutrina. Entretanto, a regra em si é aceita universalmente e se justifica pelos seguintes motivos: com a regra, confere-se ao Estado autor do ilícito a oportunidade de reparar o dano com base em seu ordenamento jurídico e se impede a interposição imediata de uma reclamação internacional,[92] sempre desgastante para as relações entre os Estados.

Alexandre Kiss[93] sustenta que a regra do esgotamento dos recursos internos está fundada na aceitação do indivíduo que, voluntariamente, permaneceu no território de um Estado estrangeiro, concluiu um contrato com este ou, implicitamente, aceitou, mediante um contrato com pessoa privada, estar submetido à sua jurisdição e, dessa forma, a consequência natural é que a ordem jurídica do Estado estrangeiro seja acionada em primeiro lugar.

Em que pese a obrigatoriedade da regra, pondera Valério de Oliveira Mazzuoli que, principalmente em função do desenvolvimento mundial das normas de proteção de direitos humanos, entende-se, modernamente, que a regra pode ser mitigada ou flexibilizada em determinados casos, como na "denegação de justiça ou quando os recursos internos se mostrem flagrantemente falhos, inoperantes, ou inacessíveis ao sujeito lesado, quando então fica permitido, desde já, o ingresso com a reclamação na via diplomática".[94]

Em matéria de meio ambiente, entendemos ser também possível a mitigação da regra nessas mesmas hipóteses, sobretudo considerando-se a íntima relação existente entre direitos humanos e o direito a um meio ambiente sadio, bem como o fato de o direito ao meio ambiente estar classificado entre os direitos humanos de terceira geração.

De fato, como expusemos anteriormente, em diversas ocasiões a busca pela proteção ao meio ambiente identifica-se com a busca pela proteção dos direitos humanos. É nesse sentido a opinião de Antônio Augusto Cançado Trindade,[95] para

---

92. Mazzuoli, Valério de Oliveira. *Curso de direito internacional público*, cit., p. 475.
93. Op. cit., p. 114: "*Sans entrer ici dans des considérations concernant le droit international privé, qui seront développées plus loin (voir p. 118), il y a lieu de s'interroger sur la raison d'être de la règle de l'épuisement des voies de recours internes. On peut estimer que celle-ci n'est fondeé que dans les cas où il existe un certain lien entre l'individu qui reclame réparation et l'État auquel cette réclamation s'adresse. Ce lien peut être extrêmement ténu ou temporaire: l'individu a séjourné un temps plus ou moins long sur le territoire d'un Etat étranger ou a conclu un contrat avec lui ou bien accepté implicitement sa juridiction pour un contrat avec une autre personne privée. Dans tous ces cas, il existe un acte de volonté de la part d'intéressé, une acceptation d'entrer en contact avec l'ordre juridique de l'Etat étranger et de s'y soumettre, ne fût-ce que dans une certaine mesure: séjour sur son territoire, acceptation de ses règles. Il est normal dans ces conditions que cet ordre juridique soit appelé en premier lieu à porter remède aux violations de droit dont l'étranger se trouve la victime. La règle de l'épuisement préalabre des voies de recours internes est donc fondée sur une acceptation par l'individu, un acte de volonté de sa part...*".
94. *Curso de direito internacional público*, cit., p. 475.
95. Op. cit., p. 75.

quem o direito a um meio ambiente sadio constitui-se "extensão ou corolário do direito à vida", possuindo, os Estados, "a obrigação de evitar riscos ambientais sérios à vida". De igual maneira, o autor, citando Alexandre Kiss, ensina que o direito a um meio ambiente sadio é uma extensão do direito à saúde e que "A proteção da totalidade da biosfera como tal acarreta 'indireta mas necessariamente' a proteção dos seres humanos, na medida em que o objeto do direito ambiental e daí do direito a um meio-ambiente sadio é o de 'proteger os seres humanos e assegurar-lhes um meio de vida adequado'".[96]

Alexandre Kiss também destaca a inexigibilidade de esgotamento de recursos internos do Estado ao qual se endereça a reclamação em demandas que tenham por fundamento a reparação de danos causados por poluição proveniente do território desse mesmo Estado,[97] posição que, a nosso ver, compatibiliza-se com o dever de preservação ambiental, pois a retirada da exigência antecipa o direito de reclamação em âmbito internacional, o que faz a reparação ao meio ambiente lesado ser também mais célere, evitando maior degradação ambiental (que, não raras vezes, decorre da não cessação do comportamento lesivo e da demora na adoção de providências para reparar o ambiente lesado).

Por fim, é importante destacar a expressa exceção à regra prevista no art. 11 da Convenção sobre Responsabilidade Internacional por Danos Causados por Objetos Espaciais, que assim dispõe:

> **Artigo 11.** Para a apresentação de um pedido de indenização a um Estado lançador por dano com amparo desta Convenção, não será necessário que se esgotem previamente os recursos locais que possam estar à disposição de um Estado demandante, ou de pessoa física ou jurídica que o Estado represente.

Passamos a seguir a examinar o requisito concernente à nacionalidade da vítima.

Como dito, de acordo com a regra geral, a vítima deve ser pessoa física ou jurídica nacional do Estado reclamante. Em casos de polipatria, poderá ter a proteção de quaisquer dos Estados de que é nacional.

Nesse último caso, porém, fica prejudicada a proteção diplomática caso a vítima seja também nacional do Estado contra o qual se endereçaria, em tese, a reclamação.[98]

Importantes as considerações de Alexandre Kiss[99] relativas ao requisito *nacionalidade* em casos de poluição transfronteiriça. Para ele, se um indivíduo sofre um

96. Op. cit., p. 85.
97. Kiss, Alexandre. Op. cit., p. 114, tradução livre: "*Autrement dit, l'épuisement préalable des voies de recours internes de l'État à qui s'adresse la réclamation n'est pas exigible lorsqu'il s'agit de demander la réparation de dommages causés par des actes de pollution ayant leur origine sur son territoire*".
98. Mazzuoli, Valério de Oliveira. *Curso de direito internacional público*, cit., p. 462.
99. Op. cit., p. 112-113.

dano cuja origem é a poluição proveniente de um Estado estrangeiro, não necessariamente deverá ter a nacionalidade do Estado reclamante, mas "o Estado reclamante intervirá para fazer valer sua competência territorial violada pelos atos de poluição e não sua competência funcional exercida em favor de um de seus súditos".[100]

Conclui assim que, nesse caso, o critério dominante será o territorial, o que justifica a intervenção do Estado reclamante mesmo quando os danos se referirem a pessoa ou bens de estrangeiro e não de seus nacionais.

Tal posicionamento, a nosso ver, justifica-se sob o fundamento da defesa da soberania do Estado em seu território. Da mesma forma que um indivíduo em território estrangeiro está submisso às regras do Estado em que se encontra, esse último deve assegurar ao estrangeiro em seu território o exercício dos direitos humanos fundamentais, entre os quais o direito ao meio ambiente sadio.

Jurisprudência internacional:

"Corte Internacional de Justiça. Caso Interhandel (Suíça *vs.* Estados Unidos). (Exceções Preliminares). Declarações de aceitação da jurisdição compulsória da Corte. Reserva 'ratione temporis' relativa a data na qual cada disputa surgiu. Funcionamento do princípio da reciprocidade. Jurisdição doméstica dos Estados Unidos e extenção da reserva (b) de sua declaração de aceitação da jurisdição obrigatória da corte. Aplicação da regra do esgotamento dos recursos internos."[101]

"Corte Internacional de Justiça. Caso Nottebohm. (Liechtenstein *vs.* Guatemala) Segunda fase. Instância introduzida por requerimentos. Exceção de admissibilidade. Conclusões finais das partes. Nacionalidade como condição de exercício da proteção diplomática e da jurisdição internacional. – Lei de Liechtenstein sobre a nacionalidade de 04 de janeiro de 1934 – Naturalização em Liechtenstein.- Competência nacional em matéria de nacionalidade. – Não reconhecimento pela Guatemala da nacionalidade adquirida em Liechtenstein por naturalização. – Condições requeridas para que a nacionalidade conferida por um Estado a um indivíduo seja oponível a um outro Estado e confira título ao exercício da proteção contra este Estado. – Real e efetivo caráter da nacionalidade. – Vínculo real entre o indivíduo naturalizado e o Estado que lhe conferiu a naturalização."[102]

---

100. Op. cit., p. 113, tradução livre: "*Il est bien évident que même si aucun individu ne porte plainte, s'il n'y a même pas de victime parmi les habitants du territoire de l'Etat mais que celui-ci subit un dommage du fait d'actes de pollution ayant eu lieu à l'étranger, il a le droit de mettre en cause la responsabilité de l'État sous le controle duquel se trouve le pollueur. L'Etat réclamant interviendra pour faire valoir sa compétence territoriale violée par des actes de pollution originaires de l'étranger et non pas sa compétence personnelle exercée en faveur d'un de ses ressortissants*".
101. Tradução livre. Disponível em: <http://www.icj-cij.org/docket/files/34/2297.pdf>. Acesso em: 22/set./2009.
102. Tradução livre. Disponível em: <http://www.icj-cij.org/docket/files/18/2674.pdf>. Acesso em: 22/set./2009.

2.8 ELEMENTOS

Não há divergências na doutrina quanto a serem, o ilícito internacional e o nexo de causalidade entre o ilícito praticado e o Estado que o praticou, elementos constitutivos da responsabilidade internacional do Estado.

Quanto à necessidade de ocorrência de dano, há divergências na doutrina, especialmente no que se refere ao fato de o dano ser ou não elemento do ilícito.

A seguir, analisaremos cada um desses elementos.

2.8.1 Ato ilícito

Constitui a violação a uma norma de direito internacional, tanto por meio de ação como por meio de omissão.

Conforme já assinalamos, o ilícito caracteriza-se como a violação a uma obrigação internacional que gera ao Estado ofendido o direito a obter uma reparação ou impingir sanções, e é constituído por um elemento objetivo, a conduta, e um elemento subjetivo, a imputação da conduta a um sujeito de direito internacional.

Porém, como observado anteriormente, nem todo ato contrário a uma regra de direito internacional configura ato ilícito, havendo situações em que a violação à norma gera a inexistência jurídica do ato e não a existência de um fato ilícito.[103]

No que se refere à conduta, deve-se ter em conta que, por vezes, a simples violação da obrigação jurídica internacional configura por si só o ato ilícito, havendo, entretanto, ocasiões em que, além da conduta, faz-se necessário um elemento exterior, ligado à conduta por um nexo de causalidade.

Deve-se observar ainda que o conceito de ato ilícito no plano internacional não se confunde com o mesmo conceito no direito interno, o que significa dizer que um ilícito no campo internacional pode ser um ato lícito frente ao direito interno, porque, tomando por base a concepção de ato ilícito segundo a qual a ilicitude do ato é uma qualificação jurídica dada conforme um dado ordenamento, são as regras de direito internacional que qualificarão um ato como ilícito ou não. Assim, a ilicitude de um ato não é característica intrínseca dele, mas uma qualificação jurídica dada por determinado ordenamento, do que se conclui que a ordem jurídica interna e a ordem jurídica internacional podem qualificar diferentemente o mesmo ato.

103. Roberto Ago cita o exemplo de um Estado que, tendo assinado o Ato de Berlim, segundo o qual a ocupação de um território nulo situado na costa africana somente permite a aquisição da soberania se esta é notificada às Potências, deixa de fazer esta notificação. Este Estado cometeu uma violação ao Ato de Berlim, mas esta violação não desencadeará a responsabilidade internacional. A conduta desse Estado simplesmente não produzirá as consequências jurídicas buscadas por seu autor. Será um fato desprovido de características jurídicas e não poderá ser qualificado como ilícito internacional (Le délit international, cit., p. 442 – tradução livre.)

Anote-se aqui o conhecido princípio de direito internacional segundo o qual "um Estado não pode escapar de sua responsabilidade internacional invocando disposições de sua lei interna".

Observe-se também que, embora a ilicitude possa ocorrer com relação a quaisquer das fontes de direito internacional, em geral, a violação ocorre com relação a normas costumeiras e princípios gerais, em que, ao contrário dos tratados, não existem normas escritas que diminuam as possibilidades de controvérsias.

Cabe aqui registrar que o projeto da CDI sobre responsabilidade internacional não estabeleceu qualquer hierarquia entre as fontes da obrigação violada, não tendo utilidade prática a diferenciação, como ocorre no âmbito do direito interno, em obrigações contratuais ou extracontratuais, já que, ao contrário do que ocorre no direito interno, não há que se falar em normas supletivas, em que a vontade das partes afasta a aplicação da lei de caráter geral.[104]

Há ainda hipóteses em que mesmo atos considerados lícitos no plano internacional geram responsabilidade. É o caso do uso pacífico da energia nuclear, testes nucleares ou poluição marítima por hidrocarbonetos. Nessas situações, tem sido admitida a responsabilidade pelo risco, pois o elemento dano não está presente, havendo apenas o risco de sua efetivação.

De qualquer forma, vale assinalar que, nesses casos, não é a atividade em si, que é lícita, que gera a responsabilização do Estado, mas a ocorrência ou risco forte de ocorrência de danos a outro Estado.

2.8.2 Responsabilidade por abuso de direito

Expusemos no item anterior que a responsabilidade internacional decorre da realização de um ato ilícito ou também do exercício de atividades lícitas mas que, por suas características próprias, oferecem risco à coletividade, podendo causar danos que se estendem além do território onde se realizam.

Entretanto, discute-se na doutrina se há a possibilidade de o direito internacional reconhecer, como ocorre em diversos ordenamentos estatais, a responsabilidade por abuso de direito.

Embora a teoria pareça aplicável no plano internacional, é extremamente difícil estabelecer se houve o uso abusivo de um direito quando inexistem regras provenientes de uma autoridade central e os agentes são os Estados, entidades abstratas que procuram sempre resguardar sua soberania.

---

104. *"Article 12. Existence of a breach of an international obligation. There is a breach of an international obligation by a State when an act of that State is not in conformity with what is required of it by that obligation, regardless of its origin or character."*

G. E. do Nascimento Silva e Hildebrando Accioly, ao tratarem da questão do abuso de direito, afirmam que "o que caracteriza abuso de direito é, precisamente, o aludido exercício abusivo das competências possuídas pelo Estado".[105]

Segundo os autores, o que se consideram ilícitos não são os atos dos Estados praticados dentro de suas competências, mas o *exercício arbitrário* destas, que constituiria fonte de responsabilidade do Estado.

Roberto Ago, no segundo relatório sobre responsabilidade do Estado apresentado à CDI,[106] explica que a questão sobre a possibilidade de se admitir a responsabilidade por abuso de direito no âmbito do direito internacional repousa na existência ou não de uma regra primária de direito internacional que limite o exercício de direitos pelo Estado proibindo seu uso abusivo. Porém, uma vez reconhecida esta regra, é fato que a responsabilidade surgirá não do uso abusivo do direito propriamente dito, mas da violação da regra primária, que limita o exercício de direitos pelo Estado.

Também Ian Brownlie[107] conclui que a doutrina, embora possa ser considerada um agente útil no desenvolvimento do direito, não existe como princípio geral no direito positivo. Entende este autor que a teoria do abuso de direito encorajaria doutrinas como a da relatividade dos direitos, gerando instabilidade nas relações.

A nosso ver, todavia, considerando-se os rumos tomados pelo direito internacional no momento atual, quando se verifica cada vez mais a existência de tratados multilaterais estabelecendo direitos e deveres entre diversos contratantes e o surgimento de blocos como a União Europeia, a teoria do abuso de direito parece bastante plausível, especialmente considerando-se que hoje já se pode admitir a existência de órgãos supraestatais regendo as relações entre Estados.

Tome-se, por exemplo, o princípio 2 da Declaração do Rio de Janeiro sobre Meio Ambiente e Desenvolvimento:

> **Princípio 2.** Os Estados, de acordo com a Carta das Nações Unidas e com os princípios de direito internacional, têm o direito soberano de explorar os seus próprios recursos de acordo com as suas políticas de ambiente e desenvolvimento próprias, e a responsabilidade de assegurar que as atividades exercidas dentro de sua jurisdição ou controle não prejudiquem o ambiente de outros Estados ou de áreas para além dos limites da jurisdição nacional.

105. *Manual de direito internacional público.* 15. ed., rev. e atual. por Paulo Borba Casella. São Paulo: Saraiva, 2002, p. 169.

106. Ago, Roberto. *Second report on State responsibility*, v. II, p. 193.

107. Brownlie, Ian. *Principles of public international law.* 4. ed. Oxford: Clarendon Press, 1990, p. 446: "*In conclusion it may be said that the doctrine is a useful agent in the progressive development of the law, but that, as a general principle, it does not exist in positive law. Indeed it is doubtful if it could be safely recognized as an amblatory doctrine, since it would encourage doctrines as to the relativity of rights and result, outside the judicial form, in instability*".

Embora se trate de uma declaração de direitos, com natureza de *soft law*, o princípio 2 assegurou que o direito de exploração de recursos pelos Estados seja exercido dentro de determinados limites, quais sejam: o prejuízo ao ambiente de outros Estados ou de áreas além dos limites de sua jurisdição.

Dessa forma, estando expressamente delimitados os limites do direito do Estado à exploração de seus recursos, a exploração de tais recursos com prejuízo a terceiros Estados ou ao meio ambiente global pode, a nosso ver, ser considerada como exercício abusivo de direito.

2.8.3 Nexo de causalidade ou imputabilidade

É o vínculo jurídico que liga o ilícito ao seu causador.

Vimos que o ilícito é composto de um elemento objetivo (a conduta) e de um elemento subjetivo, configurado na existência de um sujeito de direito internacional a quem a conduta possa ser imputada.

No âmbito do direito interno, para que se dê a imputação, são necessárias três condições: presença de sujeito capaz, realização material do elemento objetivo do delito por meio de conduta omissiva ou comissiva, e, por fim, a existência de uma "culpa", definida pela doutrina privatista como a relação psicológica entre a lesão concreta a um direito subjetivo de outrem e o autor da lesão.

Como, entretanto, falar em culpa, elemento puramente psicológico, para entidades abstratas como os sujeitos de direito internacional?

Parte da doutrina afirma que a ação e a vontade do Estado nada mais podem ser que a vontade e a ação de seus órgãos e, dessa forma, pode-se falar em culpa em direito internacional desde que a relação psicológica que se traduz em culpa e que está relacionada à característica voluntária do ato ilícito subsista entre a conduta contrária a uma obrigação internacional e a pessoa do órgão que a teve.[108]

Na concepção de Hildebrando Accioly,[109] a noção de culpa

> ... não se funda na atitude psicológica do órgão do Estado que cometeu o ato contrário ao direito. A sanção se refere, sem dúvida, à violação de uma norma, mas esta violação, para levar à responsabilidade do Estado, deverá ser a consequência de uma culpa, no sentido preciso da culpabilidade ou de uma negligência – culpa ou negligência que representa uma ofensa a um dever internacional.

108. Ago, Roberto. Le délit international, cit., p. 486.

109. Op. cit., p. 370, tradução livre: "*Il ne s'agit pas, comme quelqu'un l'a jugé, – de 'l'attitude psychologique' de l'organe de l'État qui a commis l'acte contraire au droit. La sanction se rattache, sans doute, à la violation d'une norme, mais cette violation, pour entrainer la responsabilité de l'État, aura dû être la conséquence d'une faute, dans le sens précis de la culpabilité, ou d'une négligence – faute ou négligence qui represente le manquement à un devoir international*".

O projeto da CDI sobre responsabilidade internacional não utiliza a expressão culpa.

Assim está definido ilícito no art. 2 do projeto da CDI:

> **Artigo 2.** Elementos de um fato internacionalmente ilícito do Estado. Constitui um fato internacionalmente ilícito do Estado um comportamento consistente em uma ação ou omissão: (a) atribuível ao Estado segundo o direito internacional; e (b) que constitui uma violação a uma obrigação internacional do Estado.[110]

A exclusão da culpa pelo projeto da Comissão de Direito Internacional representa um avanço em relação à proteção dos direitos individuais. Embora o projeto penda de adesões, representa o pensamento de juristas de renome e compila regras costumeiras e princípios gerais acerca da responsabilidade do Estado.

A aferição da culpa para apurar responsabilidades não representa maiores problemas quando, no âmbito do direito interno, estão em jogo interesses particulares e os sujeitos da lide apresentam-se em pé de igualdade.

No âmbito internacional, entretanto, não há igualdade entre os Estados, e os interesses em jogo não são particulares, afetando, não raras vezes, toda a comunidade internacional, como é o caso do direito ao meio ambiente.

Já foi dito que em nosso direito interno a responsabilidade por dano ambiental prescinde da apuração de culpa, solução que beneficia o meio ambiente e os indivíduos lesados, haja vista que, na maioria das vezes, o dano ambiental é causado por grandes empresas privadas ou públicas dotadas de força política e econômica e, portanto, em posição de superioridade em relação às vítimas do dano.

Além disso, se a prova da culpa já é difícil no âmbito interno, no âmbito internacional, então, torna-se quase impossível demonstrá-la sem esbarrar na questão da soberania.

Necessário ainda, neste tópico, fazer algumas considerações sobre a capacidade de agir.

Para que haja a responsabilidade internacional, o ato ilícito deve ser imputado ao Estado na condição de sujeito de direito internacional.

A princípio, pode-se afirmar que todo sujeito de personalidade jurídica internacional tem capacidade de agir e, consequentemente, de cometer delitos. Tal regra, no entanto, admite exceções, como nos casos de responsabilidade indireta, em que um Estado protetor controla e substitui totalmente as atividades e os órgãos do Estado protegido.

110. "*Article 2. Elements of an internationally wrongful act of a State. There is an internationally wrongful act of a State when conduct consisting of an action or omission: (a) is attributable to the State under international law; and (b) constitutes a breach of an international obligation of the State*" (tradução livre).

Importante notar que, no estágio atual do direito internacional, a personalidade jurídica também é reconhecida para as organizações internacionais, às quais pode ser imputado um ilícito internacional.

Por fim, deve-se frisar que o Estado é responsável por ato de seus funcionários e, por isso, é o Estado enquanto sujeito de direito internacional, e não o indivíduo investido de seus poderes, que deve ser responsabilizado. Tal regra é válida mesmo que o órgão estatal tenha agido em desobediência às suas competências atribuídas pelo direito interno mas investido da qualidade de órgão estatal, pois, como já mencionado, um Estado não pode invocar disposições do direito interno para eximir-se do cumprimento de suas obrigações internacionais.

2.9 DANO

Pode ser definido como a consequência ou resultado da ação ou omissão do Estado. No plano internacional, o prejuízo ou dano pode, muitas vezes, não ser material, mas moral, e decorrer de ato ilícito praticado pelo Estado ou por particular em nome do Estado.

O projeto da CDI não considerou o dano como elemento constitutivo do ilícito internacional.

Adotou-se o posicionamento de que toda violação a um acordo internacional ou a um direito subjetivo de um Estado já representa um dano material ou moral e, dessa forma, ainda que a extensão do dano material causado seja um fator decisivo para a determinação do valor da reparação, não é considerada condição para a existência de um ilícito.

Então, tem-se que a conduta pode em si representar uma infração ou necessitar de um acontecimento exterior a ela ligado por um nexo de causalidade. Seguindo essa linha de raciocínio, assim foi redigido o art. 2 do Draft da CDI sobre responsabilidade internacional do Estado por atos ilícitos:

> **Artigo 2.** Elementos do ilícito internacional de um Estado.
> Há um ilícito internacional de um Estado quando a conduta consistente em uma ação ou omissão:
> (a) é atribuída ao Estado pelo Direito Internacional; e
> (b) constitui uma violação de uma obrigação internacional do Estado.[111]

111. Tradução livre do Draft da CDI sobre responsabilidade internacional do Estado: "*Article 2. Elements of an internationally wrongful act of a State. There is an internationally wrongful act of a State when conduct consisting of an action or omission: (a) is attributable to the State under international law; and (b) constitutes a breach of an international obligation of the State*".

A não inclusão, pela CDI, do dano como condição para o ilícito internacional não passou, entretanto, isenta de críticas. Guido Fernando Silva Soares entende que a posição adotada pela Comissão desconsiderou a tendência revelada pela prática internacional, que considera o dano como elemento fundamental da responsabilidade. Para o autor, a posição adotada pela Comissão mostra-se excessivamente abstrata na medida em que, se o fato ilícito não causasse dano, não haveria que se falar em reparação, o que esvaziaria o instituto da responsabilidade.[112]

Também Luis Cezar Ramos Pereira observa que a doutrina mais recente entende que o inadimplemento de uma obrigação internacional é necessário mas não suficiente, isoladamente, sem a demonstração do dano sofrido, para a configuração do ilícito. Para esse autor, o dano sofrido pelo Estado ofendido é elemento que autoriza a reclamação perante o Estado causador, ainda que caracterizado tão somente prejuízo jurídico ou moral.[113]

112. São dignos de nota os comentários de Guido Fernando Silva Soares: "Merece destaque o Projeto Ago não ter incluído a condição de ocorrência de um dano em particular, expresso numa perda de valor econômico, como elemento constitutivo do ilícito internacional. Conforme já dito, o dano, como elemento gerador da responsabilidade é inerente ao sistema da responsabilidade objetiva, mas nada impediria que, no sistema da responsabilidade por culpa, pudesse ser incluído ao lado do conceito de violação de uma obrigação internacional. Na verdade, o dano, baseado na conceituação de ilícito internacional, conforme a visão da CDI é uma consequência do ilícito, e relevante tão somente no momento de determinar o *quantum debeatur*, e este depende da configuração do ilícito, e a consequente instauração da responsabilidade, ou seja, de ter-se previamente respondido afirmativamente à questão: *an debeatur*. Tanto é assim que, no Projeto da CDI, na Segunda Parte (já sob a responsabilidade do Rel. Prof. Arangio-Ruiz), que versa sobre o conteúdo, as formas e os graus da responsabilidade internacional (portanto, na hipótese de já se ter configurado um ilícito e instaurada a obrigação secundária de reparar ou seja, criado um direito subjetivo à reparação *lato sensu* ao dano) irá despontar uma das quatro formas de reparação *strictu sensu*: a indenização (ao lado de outras três formas: a restituição em espécie, a satisfação e o comprometimento e/ou garantias de não repetir-se o ilícito, segundo o art. 6º da Segunda Parte do Projeto CDI), como se verá adiante. Neste particular, acredita-se que a concepção do Projeto da CDI, na parte em que o Prof. Ago foi o relator, não levou em consideração a prática internacional que tem considerado a ocorrência do dano como elemento fundamental da responsabilidade. Na verdade, o dano não deve ser tratado como um simples incidente ligado à questão de determinar o grau da responsabilidade, em particular no momento de realizar a liquidez do débito, pois há inúmeros precedentes em julgamentos internacionais, especialmente na Corte Internacional de Justiça, e abundante doutrina, que considera o dano como elemento fundamental no sistema de responsabilidade por culpa. Partilha este autor da mesma opinião que os Profs. Nguyen Quoc Dinh, Patrick Daillier e Alain Pellet, de que a posição da CDI poderia ser de uma lógica irrefutável, mas é por demais abstrata: 'se o fato internacionalmente ilícito não causasse nenhum dano, a responsabilidade permaneceria platônica e não poderia dar lugar à reparação'.(...)". Soares, Guido Fernando Silva. *Direito internacional do meio ambiente*: emergência, obrigações e responsabilidades, cit., p. 726-727.

113. Pereira, Luis Cezar Ramos. Op. cit., p. 95-96. Confira-se: "A doutrina mais recente assim não entende, tendo em vista ser o inadimplemento de uma obrigação internacional um elemento necessário, mas isoladamente, sem a demonstração do dano sofrido, não é suficientemente forte para caracterizar um delito internacional. O dano sofrido por um Estado ou por um súdito nacional deste Estado, como estrangeiro, no Estado causador do dano, é sempre um elemento que autoriza a um Estado ou seu súdito, em particular, a formular uma reclamação contra o outro, com o devido pedido de reparação integral dos prejuízos causados se houver (pode ser que se verifique, apenas, um ferimento de uma norma de Direito Internacional, onde não fique caracterizado prejuízo material, contudo, é verificado o prejuízo jurídico e em muitos dos casos, um prejuízo moral)".

Francisco Rezek, por sua vez, inclui o dano como elemento para caracterização da responsabilidade internacional, salientando, entretanto, que o dano nem sempre será material ou terá uma expressão econômica, havendo situações em que o dano é imaterial e demanda uma reparação desprovida de valor econômico.[114]

A nosso ver, o projeto da CDI, ao não incluir o dano como elemento do ilícito, abarca, ainda assim, as situações em que a violação da obrigação internacional, mesmo que sem consequências patrimoniais diretas, acarreta um dano moral. Em questões ambientais, seria o caso, por exemplo, da não implementação de medidas de proteção ambiental previstas em convenção internacional por um Estado signatário. A não implementação de tais medidas pode, em um primeiro momento, não dar causa a qualquer dano material, mas sem dúvida, em nosso ponto de vista, constitui um dano moral e poderia ensejar a responsabilização do Estado.

Frise-se, por outro lado, que apenas a ocorrência do dano não é suficiente para desencadear a responsabilidade do Estado se ele não deriva de conduta ilícita e não está abarcado pelos casos que envolvem a responsabilidade por risco.

Francisco Rezek[115] cita o exemplo de um Estado que proíbe o funcionamento de indústrias poluentes acarretando dano a investimentos estrangeiros. Como aduz o autor, embora tenha havido dano econômico, não há como se imputar a esse Estado um ilícito internacional.

2.10 CLASSIFICAÇÃO DA RESPONSABILIDADE

Não há consenso na doutrina quanto à classificação da responsabilidade internacional, e usualmente é mais utilizada a que divide a responsabilidade entre direta e indireta, embora também existam classificações que a dividem em responsabilidade por comissão ou omissão, convencional ou delituosa.[116]

Concentraremos nosso estudo na classificação entre responsabilidade *direta* e *indireta*, a que apresenta maior utilidade prática.

Valério de Oliveira Mazzuoli[117] explica que a responsabilidade direta ocorrerá "quando o ato ilícito (positivo ou negativo) for praticado pelo próprio governo estatal, por órgão governamental, por funcionários do seu governo ou por uma coletividade pública do Estado que age em nome dele".

114. Op. cit., p. 274.
115. Op. cit., p. 275.
116. Del'olmo, Florisbal de Souza. *Curso de direito internacional público*. 3. ed. Rio de Janeiro: Forense, 2008, p. 133.
117. *Curso de direito internacional público*, cit., p. 465.

Segundo o autor, a responsabilidade também é direta com relação a atos de particulares "quando a prática do ato decorre da atitude do Estado em relação a este particular, ou seja, quando a atividade do particular possa ser imputada ao Estado".[118] Aí se inclui a responsabilidade do Estado em casos em que este não atua diligentemente para a prevenção de mencionados atos.

A responsabilidade será indireta quando o ilícito for cometido por particulares ou por grupo ou coletividade representados pelo Estado no âmbito internacional.[119] É o caso de ilícitos cometidos por entes federados, uma comunidade sob tutela estatal ou um Estado protegido.

Exemplos de responsabilidade indireta citados por Florisbal de Souza Del'Olmo[120] seriam a imputada aos Estados Unidos por ato cometido por Porto Rico enquanto este for um Estado associado à Federação norte-americana, ou a responsabilidade do Brasil por ato cometido por uma das unidades da Federação brasileira.

Importante frisar que o Estado não é responsável por atos praticados por particulares que não atuam em seu nome, e, nesses casos, o surgimento da responsabilidade não se dá pelo ato do particular, mas pela omissão do Estado em prevenir ou evitar o comportamento do particular que causou um dano a um outro Estado.

2.11 ATOS QUE GERAM RESPONSABILIDADE INTERNACIONAL

O Estado responderá internacionalmente por atos praticados por quaisquer de seus órgãos ainda que estes tenham agido contrariamente à competência atribuída pelo ordenamento estatal e contrariamente ao direito interno. Necessário, entretanto, que os autores dos atos tenham agido na qualidade de órgãos do Estado.

É que, conforme já mencionado, a imputação de um ilícito internacional somente pode tomar em conta o próprio direito internacional, e não os diversos ordenamentos internos. Então, conclui-se que todos os órgãos do Estado são capazes de cometer um ilícito internacional, pois agem em nome dele.

Passaremos a seguir a analisar individualmente quais atos geram a responsabilidade do Estado, anotando, inclusive, sua incidência no âmbito do direito ambiental.

2.11.1 Atos do Poder Executivo

Esses, por decorrerem da administração, constituem a maioria dos atos

118. Mazzuoli, Valério de Oliveira. *Curso de direito internacional público*, cit., p. 465.
119. Idem, ibidem.
120. *A responsabilidade internacional do Estado*: breves considerações e perspectivas, cit., p. 29-40.

passíveis de responsabilização do Estado, e em que houve maior incidência de precedentes na jurisprudência internacional dos tribunais e cortes de arbitragem.

Há atos que decorrem do governo e outros que são praticados por funcionários públicos do Estado, seja no exercício regular da administração, seja com abuso de autoridade.

No que diz respeito ao dano ambiental transfronteiriço que gera responsabilização internacional do Estado, pode resultar da prestação de serviços públicos, diretamente pelo Estado ou por meio de particular, e da omissão na tomada de medidas contra aqueles que violam regras internas de direito ambiental.

2.11.2 Atos do Poder Legislativo

Ocorrem com a existência de leis que contrariam princípios gerais de direito internacional, obrigações assumidas internacionalmente mediante tratados, ou normas consuetudinárias. Não há hierarquia entre as fontes de direito internacional, de modo que a existência de lei interna que contrarie quaisquer dessas normas configurará o ilícito internacional.

Cabe aqui perquirir quando as normas internas que contrariam o direito internacional darão causa à responsabilidade do Estado, se no momento de sua aprovação e promulgação ou tão somente com sua execução.

Considerando-se a noção de ilícito adotada pela CDI, a existência da norma interna contrária à obrigação internacional constitui o elemento objetivo do ilícito, ainda que não tenha havido um acontecimento exterior.

Hildebrando Accioly[121] afirma que a simples existência da norma fornece uma base não precisamente para uma reclamação, mas para um apelo ao Estado que, com um ato legislativo, descumpriu a obrigação internacional.

A não implementação, no direito interno, de normas que regulamentem condutas a que o Estado obrigou-se por força do direito internacional ou a não revogação de leis contrárias à mencionada obrigação geram, também, a responsabilização do Estado.

No campo ambiental, são comuns as violações a obrigações internacionais por meio de atos do Poder Legislativo, seja pela não adoção, pelo ordenamento interno, de normas que deem efetividade às obrigações internacionais a que o Estado se obrigou (já que medidas de proteção do meio ambiente implicam, na maioria das vezes, elevação dos custos das atividades e prejuízo imediato a determinados setores da economia), seja por força da adoção, no direito interno, de normas que contrariam obrigação internacional de conteúdo ambiental assumida pelo Estado.

121. Op. cit., p. 375.

Guido Fernando Silva Soares[122] cita como exemplo de ilícito internacional praticado pelo Poder Legislativo a resistência do Brasil em promulgar como lei interna a Convenção Marpol, que se refere à prevenção da poluição por navios e estabelece medidas de proteção, como o uso de filtros e procedimentos específicos que encareceram os fretes internacionais.

Referida Convenção, adotada em 1973, e seu protocolo, de 1978, apesar de firmados pelo Brasil, somente foram ratificados em 1998, com a promulgação do Decreto nº 2.508/1998.

A não internalização da Convenção pelo Brasil levou à imposição de diversas multas a navios mercantes brasileiros, além da proibição de ingressarem em águas territoriais de países signatários.

2.11.3 Atos do Poder Judiciário

Os atos dos Poder Judiciário, ainda que proferidos em consonância com o direito interno, podem gerar a responsabilização internacional do Estado quando afrontarem normas de direito internacional ou se incompatibilizarem com obrigações internacionais assumidas pelo Estado.

A doutrina considera que os órgãos do Poder Judiciário praticam um ilícito internacional em casos de denegação de justiça ou de injustiça notória.

Por algum tempo, considerou-se como denegação de justiça qualquer violação a direitos do estrangeiro imputada a algum órgão do Estado.[123] Essa definição ampla foi restringida pela doutrina e, atualmente, por denegação de justiça deve-se entender a recusa ao acesso aos tribunais, a demora injustificada na aplicação da justiça ou, ainda, casos de má administração da justiça.

São pertinentes as colocações de Luis Cezar Ramos Pereira sobre o tema:[124]

> Para configurar que haja uma denegação de justiça, de um modo geral, deve-se registrar que esta denegação seja representada por uma decisão que constitua uma violação clara e inequívoca do Direito Interno e Internacional; que deve ser emanada de um Tribunal de último grau de recurso, pois pressupõe-se que todos os meios legais já se esgotaram; deve tal ação (decisão judicial), omissão (falta de decisão judicial), ou o retardo injustificado de uma decisão judicial ou do processo como um todo, estarem [sic] eivados de má-fé, discriminação ou com um grau forte de um protecionismo tendencioso e nacionalista ao extremo, por parte dos Tribunais (do primeiro ao último grau; de seus integrantes, sejam eles serventuários, juízes ou promotores).

122. *Direito internacional do meio ambiente*: emergência, obrigações e responsabilidades, cit., p. 733.
123. Pereira, Luis Cezar Ramos. Op. cit., p. 180.
124. Op. cit., p. 182-183.

Por injustiça notória, entende-se um julgamento claramente injusto e contrário à equidade, o que, a nosso ver, não deixa de ser também uma forma de denegação de justiça.

Vale ainda registrar as considerações de Rodrigo Fernandes More:[125]

> Quando o STF ou qualquer magistrado nacional julga de forma definitiva querela envolvendo a relação entre ordem interna sobre a internacional está atuando internacionalmente como um órgão do Estado Brasileiro sob a forma de um ato unilateral do Estado produzido por um de seus poderes (Poder Judiciário), um ato que se caracteriza como fonte de direito internacional e, por esta razão, gera efeitos legais e responsabilidades para o Estado. Se admitirmos que o Estado-Juiz pode declarar que determinada disposição de um tratado foi revogada por lei posterior, estaríamos admitindo que outros entes estatais, que não a figura constitucionalmente prevista do Presidente da República, poderiam 'denunciar indiretamente' um tratado tornando-o sem efeito na ordem interna. Esta possibilidade não é totalmente inverossímil. Pode um juiz deixar de aplicar determinada lei por entendê-la inconstitucional. Se deixar de aplicar disposição de texto de tratado ratificado em razão de lei posterior estará criando no direito interno, no direito constitucional, uma hierarquia que o texto da própria Constituição não declara. O fato é que se o Estado declarar a suspensão de efeitos de um tratado internacional na ordem interna, sem que se opere a denúncia pela via eleita no corpo do próprio instrumento internacional, permanecerão vigentes e exigíveis as obrigações dispostas no tratado em relação ao Estado. Quando o STF decidiu pela prevalência da regra de ordem interna sobre o tratado internacional, apoiando-se em sua prerrogativa constitucional de última instância na interpretação da própria Constituição, não ponderou os efeitos de tal posicionamento em termos de relações internacionais e de responsabilidade internacional do Estado brasileiro.

No que toca à matéria ambiental, são comuns casos de denegação de justiça não cometida propriamente por órgãos do Judiciário. É o caso, por exemplo, de exigência de determinadas condições para que o estrangeiro ingresse com ação para defesa de interesses difusos, como a residência no País ou a cidadania ou, ainda, a necessidade de prestar caução.[126]

2.11.4 Atos de particulares

Como vimos, o Estado somente age por intermédio de seus órgãos, razão pela qual um particular, não possuindo capacidade de agir no âmbito do direito internacional, não é capaz de cometer ato ilícito.

125. *A ordem legal internacional e a regra de primazia do direito internacional*: a posição do Supremo Tribunal Federal. Disponível em: <http://jus2.uol.com.br/doutrina/texto.asp?id=2957>. Acesso em: 23/ago./2008.

126. Soares, Guido Fernando Silva. *Direito internacional do meio ambiente*: emergência, obrigações e responsabilidades, cit., p. 734.

Uma vez que os indivíduos não possuem capacidade para cometer ilícito internacional, o entendimento inicial da doutrina era de que o Estado era responsável por atos de particulares quando existisse a chamada *cumplicidade*.

Tal teoria não se sustentou justamente por igualar entidades tão diversas como o Estado e um indivíduo, entre as quais, por suas patentes diferenças, jamais poderia haver cumplicidade. Além disso, o indivíduo, como já afirmado, não possui capacidade de agir no âmbito internacional, não tendo, dessa forma, capacidade delitual.

Com a evolução da doutrina, passou-se a falar em responsabilidade indireta, segundo a qual o Estado seria responsável pelo ato do particular por ter dado a ele um endosso para a prática dos atos, teoria que também não se sustentou porque o indivíduo não possui personalidade jurídica internacional.

Na atualidade, a posição que melhor explica a possibilidade de responsabilizar o Estado por atos dos particulares considera que o indivíduo não pode praticar ilícito internacional, razão pela qual a conduta imputada não é a do particular, mas a do Estado que, por meio de seus órgãos, deixou de reprimir ou punir a ação do indivíduo. É essa a posição constante do projeto da Comissão de Direito Internacional da ONU sobre responsabilidade internacional do Estado. Então, o fato ilícito imputado é a omissão do Estado e não a ação do particular.

No campo do direito ambiental, é bastante comum um particular dar causa à responsabilidade estatal porque, por sua atividade, provoca danos transfronteiriços, os quais não foram prevenidos pelo Estado.

2.11.5 Atos de guerra civil

A responsabilização do Estado por guerra civil ocorrida em seu território é aceita por alguns doutrinadores e afastada por outros. Observa-se que a responsabilização do Estado, nesses casos, tem sido em geral repelida por autores latino-americanos e apoiada por autores europeus, sobretudo porque provinha da Europa a maioria das pessoas vitimadas por tais atos.[127]

G. E. do Nascimento e Silva e Hildebrando Accioly[128] ressaltam que o principal argumento para a não aceitação da responsabilidade é a equiparação da hipótese da guerra civil com hipóteses de força maior como terremotos, inundações e outros eventos imprevisíveis.

Diversas teorias foram elaboradas para justificar a responsabilidade do Estado por danos resultantes de guerra civil: a teoria da expropriação, de Brusa, segundo a qual o Estado é responsável pela indenização dos prejuízos sofridos pelo estrangeiro

127. Del'Olmo, Florisbal de Souza. *Curso de direito internacional público*, cit., p. 138-139.
128. *Manual de direito internacional público*, cit., p. 162-164.

caso se beneficie de sua pessoa ou de seus bens, devendo compensar o estrangeiro das vantagens que lhe foram retiradas; teoria do risco ou de Fauchille, pela qual o Estado que tira proveito de bens ou pessoas submetidos a seu domínio deve suportar os ônus decorrentes; e teoria de Wiesse, pela qual a responsabilidade do Estado encontra fundamento em seu dever de manter a ordem.

Para resolver a questão, G. E. do Nascimento Silva e Hildebrando Accioly propõem uma solução que diferencia duas espécies de situações: a responsabilidade em decorrência de danos causados pelos insurgentes ou pela população, e a responsabilidade pelos danos causados pelo Estado ao reprimir a insurreição.

No primeiro caso, segundo os autores, aplicam-se as regras relativas à responsabilidade por atos de particulares, devendo, portanto, ser examinado se o Estado tomou as diligências necessárias e possíveis para prevenção e repressão dos atos, sendo responsável caso se constate sua omissão.

No caso de atos praticados pelo próprio Estado na tentativa de reprimir os atos, aplicam-se as regras relativas à responsabilidade do Estado por atos de seus órgãos, e o Estado será responsabilizado caso seja constatada a violação a uma obrigação internacional.

Ainda, segundo os autores, o reconhecimento da facção beligerante pelo Estado faz cessar sua responsabilidade, e, em caso de a insurreição sair vitoriosa, o novo governo é responsável pelos danos ocasionados pelos insurretos.

Neste tópico, cabe anotar o posicionamento de Florisbal de Souza Del'Olmo,[129] para quem, se o Estado indenizar seus nacionais dos danos causados por guerras civis, deve, na mesma proporção, indenizar os estrangeiros, aceitando-se as guerras civis como contingências a que estão sujeitos todos os povos e governos.

Concordamos, entretanto, com a posição de G. E. do Nascimento e Silva e Hildebrando Accioly, que simplificaram a questão ao aplicarem aos atos de guerra civil as mesmas regras aplicáveis à responsabilidade por atos de particulares ou atos dos órgãos estatais.

Sem dúvida, guerras civis são contingências a que estão sujeitos os povos, mas a prevenção – com políticas públicas que assegurem a diminuição de desigualdades – e a repressão adequada são obrigações também comuns e esperadas dos Estados.

No que concerne ao meio ambiente, é notória a degradação ambiental causada por atos de guerra civil, e, em casos de danos transfronteiriços, entendemos possível a responsabilização do Estado nos moldes traçados por G. E. do Nascimento e Silva e Hildebrando Accioly.

---

129. *Curso de direito internacional público*, cit., p. 139.

2.11.6 Teorias da força maior e da comunidade da fortuna

A teoria da responsabilização do Estado por atos de guerra civil é adotada, em geral, por países emigratórios, para proteção de seus nacionais residentes em países estrangeiros afetados por insurreições ou guerras civis.

Ao contrário de vários doutrinadores europeus, cujos países sofrem forte emigração, o que justifica a adoção da teoria da responsabilização do Estado por guerra civil, parte expressiva da doutrina internacional rejeita a responsabilidade do Estado por atos revolucionários, aí se encontrando doutrinadores norte-americanos, devendo-se lembrar que os Estados Unidos são um país de imigração intensa e que já passaram por guerras civis.

Pela teoria da força maior, a responsabilidade estatal por comportamento danoso contra bens ou pessoa do estrangeiro praticado durante a guerra civil é afastada, entendendo-se que tal ilícito compara-se a acidentes imponderáveis como os desastres naturais.

A teoria da comunidade da fortuna, também chamada teoria do interesse comum, prega que o Estado não assegura imunidade absoluta às pessoas e coisas em seu território, sejam tais pessoas nacionais ou estrangeiras. Por essa teoria, não se reconhece ao estrangeiro qualquer indenização que não tenha sido concedida em iguais condições aos nacionais, porque os estrangeiros residentes e que têm bens em outro país estão diretamente ligados aos interesses nacionais, enfrentam as mesmas dificuldades e buscam os mesmos objetivos dos nativos do país onde se encontram.[130]

Tal teoria não afasta, entretanto, a responsabilização do Estado quando a lesão aos direitos das pessoas decorre justamente de sua condição de estrangeiro ou pelo fato de pertencerem a determinada raça, religião ou etnia.

2.11.7 Crimes internacionais

Os crimes internacionais também se encontram entre os ilícitos causadores de responsabilidade dos Estados, já que, "sendo a prevenção ao crime inerente à ordem pública, há interesse de todos os Estados no combate ao crime internacional, podendo, qualquer deles, mesmo sem ter sofrido dano, invocar a responsabilidade do sujeito desses atos".[131]

No presente trabalho, não trataremos da responsabilidade do Estado no âmbito criminal, devendo ser salientado, no entanto, que um crime internacional pode ocasionar danos transfronteiriços que devem ser reparados pelo Estado causador.

130. Del'Olmo, Florisbal de Souza. *Curso de direito internacional público*, cit., p. 140.
131. Idem, ibidem, p. 141.

CAPÍTULO 3

EXCLUDENTES DA RESPONSABILIDADE

Certas circunstâncias eximem o Estado de responder pelos danos causados. Tal se dá em casos de legítima defesa, represálias, prescrição liberatória, caso fortuito ou força maior, estado de necessidade e renúncia do indivíduo lesado.

Antes, porém, de iniciar o estudo das excludentes, é necessário deixar registrado que, tomando em conta o ordenamento jurídico brasileiro, a doutrina pátria diverge acerca da admissão de excludentes quando se trata de responsabilidade por dano causado ao meio ambiente.

De fato, como já tivemos oportunidade de mencionar, para grande parte dos doutrinadores pátrios, o ordenamento brasileiro, quando estabeleceu a responsabilidade objetiva por dano ao meio ambiente, adotou como regra a teoria do risco integral.

Pela teoria do risco integral, o nexo de causalidade, necessário para que se configure a responsabilidade, estabelece-se entre a atividade desenvolvida pelo agente e o dano experimentado ou potencial, razão pela qual são afastadas quaisquer excludentes que não digam respeito ao nexo causal. Tomando por base a adoção do risco integral, não seriam então admitidas excludentes como fato de terceiro e culpa da vítima, pois se baseiam na noção de culpa, que não se coaduna com a responsabilidade objetiva.

Para muitos, mesmo o caso fortuito ou a força maior não são admitidos, a não ser que o caso fortuito não tenha qualquer relação com a atividade desenvolvida pelo agente poluidor, situação que exclui o próprio nexo de causalidade.[132]

---

132. Destefenni, Marcos. Op. cit.

Em contrapartida, parte dos doutrinadores entende que, tratando-se de responsabilidade objetiva por dano ambiental, o nexo de causalidade leva em conta a conduta do agente e o dano causado, o que justificaria a admissão de excludentes.[133]

Embora no direito pátrio a proteção ao meio ambiente tenha avançado no sentido de responsabilizar objetivamente o poluidor, no âmbito internacional, como já mencionado, a responsabilidade objetiva somente existe quando expressamente prevista em tratados.

Quando não houver essa previsão, o sistema adotado, ainda que se trate de dano ao meio ambiente, é o da responsabilidade subjetiva, que depende da análise de culpa.

Embora o projeto da CDI acerca da responsabilidade internacional do Estado tenha excluído a culpa como elemento do ilícito, ele não está em vigor e não é um instrumento obrigatório, razão pela qual a responsabilidade subjetiva ainda prevalece no âmbito internacional.

Prevalecendo a responsabilidade subjetiva e subsistindo a necessidade de análise da culpa, a consequência é a admissão, no foro internacional, de excludentes da responsabilidade, em contraposição à tendência observada no direito pátrio.

Acrescentamos que, ainda que se considere o meio ambiente como bem maior, a não admissão de excludentes em sede de direito internacional é, a nosso ver, uma situação utópica, a não ser quando expressamente prevista em tratados que estipulem a responsabilidade objetiva. No cenário internacional, os Estados não estão em situação de igualdade, não possuem os mesmos recursos e não estão subordinados a um poder central, o que justifica que tenham suas responsabilidades atenuadas e, por vezes, excluídas, dependendo da análise do caso concreto. Aliás, é o que se extrai do princípio 7 da Declaração do Rio de Janeiro sobre Meio Ambiente e Desenvolvimento, o qual estipula que, "tendo em conta os diferentes contributos para a degradação ambiental global, os Estados têm responsabilidades comuns mas diferenciadas ...".[134] Passamos, a seguir, à análise individual das circunstâncias excludentes da responsabilidade internacional.

---

133. Marcos Destefeni cita como exemplo Rui Stoco, para quem, nos casos de responsabilidade sem culpa, o dever de reparar exige uma relação de causalidade entre o comportamento do agente e o resultado lesivo e assim o caso fortuito, a força maior e a ação legitimada ou permitida podem afastar referido nexo causal. Op. cit., p. 165.
134. "Princípio 7. Os Estados cooperarão em espírito de parceria global para conservar, proteger e recuperar a saúde e integridade do ecossistema da Terra. Tendo em conta os diferentes contributos para a degradação ambiental global, os Estados têm responsabilidades comuns mas diferenciadas. Os países desenvolvidos reconhecem a responsabilidade que lhes cabe na procura do desenvolvimento sustentável a nível internacional, considerando as pressões exercidas pelas suas sociedades sobre o ambiente global e as tecnologias e os recursos financeiros de que dispõem."

3.1 LEGÍTIMA DEFESA

Esta excludente encontra fundamento na Carta das Nações Unidas, que, em seu art. 51, dispõe que:

> Nada prejudicará o direito inerente de legítima defesa individual ou coletiva, no caso de ocorrer um ataque armado contra um Membro das Nações Unidas, até que o Conselho de Segurança tenha tomado as medidas necessárias para a manutenção da paz e da segurança internacionais. As medidas tomadas pelos Membros no exercício desse direito de legítima defesa serão comunicadas imediatamente ao Conselho de Segurança e não deverão, de modo algum, atingir a autoridade e a responsabilidade que a presente Carta atribui ao Conselho para levar a efeito, em qualquer tempo, a ação que julgar necessária à manutenção ou ao restabelecimento da paz e da segurança internacionais.

Trata-se de princípio aceito universalmente que pressupõe a existência de uma agressão injusta e uma reação estatal imediata, a qual deve ser proporcional ao ataque ou perigo iminente.[135]

Luis Cezar Ramos Pereira define a legítima defesa como "uma atitude lícita (defensiva ou ofensiva, apesar de violar um Direito) por parte do Estado, contra uma atitude de força, tida como ilícita pelo Direito Internacional, praticada por um Estado ou por uma Organização Internacional".[136]

A abrangência do instituto é controversa. Para a doutrina majoritária, o art. 51 da Carta das Nações Unidas restringiu o uso da legítima defesa às hipóteses de ataque armado. Parte minoritária da doutrina, entretanto, admite a ampliação do conceito, podendo o instituto ser invocado em casos de agressão política ou econômica.[137]

Segundo Ian Brownlie,[138] o significado do art. 51 da Carta da ONU deve ser determinado dentro do contexto das normas costumeiras acerca da legítima defesa e do uso da força. Para esse autor, a combinação do § 4º do art. 2º da Carta da ONU – segundo o qual "todos os membros deverão evitar em suas relações internacionais a ameaça ou o uso da força contra a integridade territorial ou a dependência política de qualquer Estado, ou qualquer outra ação incompatível com os Propósitos das Nações Unidas" – com o mencionado art. 51 permite concluir que o uso da força é excepcionado pelo direito de legítima defesa em caso da ocorrência de ataque armado.

135. Silva, G. E. do Nascimento e; Accioly, Hildebrando. *Manual de direito internacional público*, p. 167.
136. Pereira, Luis Cezar Ramos. Op. cit., p. 367.
137. Ramos, André de Carvalho. Op. cit., p. 237.
138. *International law and the use of force by States*. Oxford at the Clarendon Press, 1991, p. 265. Disponível em: <http://www.untreaty.un.org/ilc/docmentation/english/a_cn4_570.p>. Acesso em: 13/ago./2008.

O Draft da CDI sobre responsabilidade internacional do Estado não solucionou a questão. Limitou-se, em seu art. 21, a afirmar que o instituto, se estiver em conformidade com a carta das Nações Unidas, é causa de preclusão da ilicitude de um ato.[139]

O instituto pode também justificar o não cumprimento de outras obrigações que não as relativas ao uso da força, constantes do art. 2º, § 4º da Carta da ONU.[140]

A esse respeito, é citada, nos comentários ao Draft sobre responsabilidade do Estado, a opinião da Corte Internacional de Justiça quanto à legalidade dos tratados sobre uso de armas nucleares ao decidir se o uso dessas armas necessariamente constitui violação a obrigações ambientais por causa da natureza dos danos provocados, que, além de massivos, podem se protrair no tempo.

No tocante à questão, a Corte assim se manifestou:

> A corte não considera que os tratados em questão podem ter a pretensão de privar o Estado do exercício de seus direitos de legítima defesa no âmbito do direito internacional em razão de suas obrigações de proteger o meio ambiente. Todavia, os Estados devem levar em consideração o meio ambiente quando avaliarem o que é necessário e proporcional na busca de objetivos militares. Respeito ao meio ambiente é um dos elementos de avaliação se a ação está em conformidade com os princípios da necessidade e da proporcionalidade.[141]

Pelo teor da decisão da Corte, observa-se que a questão ambiental não tem sido tratada como impedimento ao exercício da legítima defesa pelo Estado.

Pergunta-se, por outro lado, se a grave violação ao meio ambiente justificaria o exercício da legítima defesa.

Guido Fernando Silva Soares[142] expressa opinião de que o desrespeito à proteção ao meio ambiente, ainda que derivado de grave violação internacional, não configuraria ataque armado e não justificaria a legítima defesa. Cita como exemplo a guerra do Iraque contra o Kuwait, em que o Conselho de Segurança da ONU, ao autorizar a intervenção armada naquele país, o fez em função da agressão armada de um país contra um membro das Nações Unidas e não em função do comportamento

139. "*Article 21. Self-Defense. The wrongfulness of an act of a State is precluded if the act constitutes a lawful measure of self-defense taken in conformity with the Charter of the United Nations.*"

140. Organização das Nações Unidas (ONU). *Draft Articles on Prevention of Transboundary Harm from Hazardous Activities, with Commentaries*, 2001. Disponível em: <http://www.un.org/law/ilc/texts/instruments/english/commentaries/9_7_2001.pdf>. Acesso em: 23/ago./2008, p. 74.

141. Draft Article on Responsibility of States for Internationally Wrongful Acts, with Commentaries, p. 74-75, tradução livre: "*The Court not consider that the treaties in question could have intended to deprive a State of the exercise of its right of self-defense under international law because of its obligations to protect the environment. Nonetheless, States must take environmental considerations into account when assessing what is necessity and proporcionate in the pursuit of legitimate military objectives. Respect for the environment is one of the elements that go to assessing whether an action is in confomity with the principles of necessity and proporcionality*".

142. *Direito internacional do meio ambiente:* emergência, obrigações e responsabilidades, cit., p. 870-871.

intencional do Iraque de poluir as águas territoriais do Kuwait com o lançamento de petróleo no Golfo Pérsico.

A nosso ver, a violação ao meio ambiente pode ser utilizada como forma de coação e ameaça, surtindo efeitos tão nocivos quanto os de um ataque armado. É o caso do exemplo supracitado, quando, intencionalmente, foram poluídas as águas do Golfo Pérsico. Caberia, assim, averiguar, no caso concreto, se a violação ambiental foi utilizada como mais um meio de ameaça, hipótese prevista no art. 51 da Carta da ONU e que justificaria, em tese, a utilização do instituto.

3.2 REPRESÁLIAS

Estão previstas no art. 22 do Draft da CDI e constituem-se em atos lícitos praticados como forma de revidar atos ilícitos praticados pelo Estado agressor.

Assim como a legítima defesa, devem ser proporcionais e constituir uma resposta a um ataque anteriormente sofrido. Além disso, a represália deve ser a única forma encontrada pelo Estado para combater o ilícito sofrido.[143]

Trata-se de medidas que, caso não se constituíssem em reação a um ilícito praticado, seriam tidas como ilícitos internacionais e, por esse motivo, a excludente somente é válida entre os Estados em confronto, não cabendo invocá-la em relação a um terceiro Estado eventualmente prejudicado pela contramedida.

Em termos ambientais, deve-se atentar para o perigo de as contramedidas serem utilizadas a título de reação a uma violação ambiental quando, na verdade, podem mascarar políticas de proteção de mercados.

3.3 PRESCRIÇÃO LIBERATÓRIA

Significa o silêncio do Estado agredido em relação ao dano sofrido após um intervalo grande de tempo. O instituto é aceito pela jurisprudência internacional, embora não existam regras claras sobre ele, inclusive sobre qual o lapso temporal necessário para que ocorra essa excludente.

Tratando-se de dano ambiental, entendemos que a excludente deve ter sua aplicação limitada. É que, não raramente, os efeitos do dano ao meio ambiente são sentidos no decorrer do tempo, havendo, por vezes, grande distância temporal entre a conduta e o resultado.

Marcos Destefenni[144] chama a atenção para as situações em que o resultado lesivo não é imediato, levando maior tempo para ocorrer, sendo afetado por fatores que influenciam no desdobramento causal.

143. Silva, G. E. do Nascimento e; Accioly, Hildebrando. *Manual de direito internacional público*, cit., p. 167.
144. Op. cit., p. 173-174.

É o caso dos danos sofridos em decorrência de poluição ou atividade nuclear. Já citamos, neste trabalho, o episódio do césio em Goiânia, cujos danos ao ambiente e aos indivíduos são até hoje sentidos.

Outro argumento para a não consideração dessa excludente quando se tomam em conta danos causados ao meio ambiente é o fato de o direito ao meio ambiente ser considerado um direito humano de terceira geração e, sendo um direito fundamental, ter por característica a imprescritibilidade, podendo-se reclamá-lo a qualquer tempo.[145]

Por isso entendemos que, seja por se considerar a possibilidade de ocorrência de resultados tardios, seja em razão da imprescritibilidade, quando se fala em dano ao meio ambiente, o instituto da prescrição liberatória deve ser visto com reservas, sob pena de esvaziar-se o instituto da responsabilidade internacional do Estado.

No Brasil, uma vez que o direito ao meio ambiente é tido como um direito fundamental, é dominante na doutrina o entendimento de que a pretensão à reparação dos danos ambientais é imprescritível.[146]

3.4 CASO FORTUITO OU FORÇA MAIOR

Essa excludente está prevista no art. 23 do Draft da CDI e ocorre quando o ilícito é praticado em função de um evento externo não previsto, que esteja além do controle do Estado e o impossibilite de agir de outra forma.

A impossibilidade material do Estado de cumprir a obrigação internacional pode decorrer de um acontecimento natural como terremotos, inundações, ou em função da intervenção humana, como a perda de parte do território ou insurreição, decorrentes da intervenção de um terceiro Estado.

É importante, entretanto, ressaltar que o não cumprimento da obrigação não inclui situações que apenas o tornam mais difícil mas não o impossibilitam, como a ocorrência de crise econômica ou política.[147]

Assim, no que toca ao meio ambiente, ainda que se levem em conta as responsabilidades comuns mas diferenciadas atribuídas aos Estados – pelo já citado princípio 7 da Declaração do Rio de Janeiro sobre Meio Ambiente e Desenvolvimento – em função de seus diferentes graus de desenvolvimento econômico, a alegação de crise econômica ou política não justifica a total desídia de um Estado com suas obrigações ambientais.

Por fim, o próprio art. 23 exclui a aplicação da excludente se a situação de força maior for consequência, isolada ou em combinação com outros fatores, da conduta do Estado que a invoca ou quando este assume o risco da ocorrência da situação.[148]

145. Sobre as características dos direitos humanos, conferir em: Mazzuoli, Valério de Oliveira. *Curso de direito internacional público*, cit., p. 674-676.
146. Destefenni, Marcos. Op. cit., p. 180.
147. *Draft Articles on Responsibility of States for Internationally Wrongful Acts, with Commentaries*, p. 76.
148. *"Article 23. Force majeure. 1. The wrongfulness of an act of a State not in conformity with an international*

3.5 ESTADO DE NECESSIDADE

Trata-se de excludente prevista no art. 25 do Draft, o qual dispõe que o estado de necessidade não pode ser invocado por um Estado como causa de exclusão da ilicitude de um ato violador de suas obrigações internacionais, a menos que constitua o único meio de salvaguardar um interesse essencial do Estado contra um perigo iminente e não prejudique gravemente o interesse essencial da outra nação em razão da qual existia a obrigação, ou o interesse essencial da comunidade internacional como um todo.[149]

Trata-se de excludente a ser excepcionalmente utilizada, o que se justifica pelo fato de que, ao contrário do que ocorre nas represálias e na legítima defesa, o estado de necessidade independe de qualquer ato prévio do Estado ofendido, dirigindo-se a Estados inocentes.

Ainda que com cautela e tendo em conta as limitações ao uso do instituto, o estado de necessidade tem sido reconhecido pela jurisprudência internacional. A CDI, em seus comentários ao Draft, cita diversos casos em que a excludente foi utilizada.

Para exemplificar, citaremos dois casos constantes do Draft que estão diretamente relacionados ao meio ambiente, ainda que se possa entrever, por trás do interesse ambiental, alegado como essencial, interesses econômicos. No caso *Russian Fur Seals*, de 1893, o governo russo, motivado pela atividade de caçadores de focas ingleses e norte-americanos ao longo de sua costa, baixou um decreto proibindo a pesca de focas em alto-mar (lembrando-se que na época ainda não havia a definição de zona econômica exclusiva e zona contígua). Nesse caso, a excludente foi invocada para salvaguardar o interesse essencial de evitar grave e iminente perigo ao meio ambiente natural da área.

Exemplo mais recente citado pela CDI refere-se ao *Fisheries Jurisdiction Case*, em que o Canadá, por um ato de 1994, declarou que os estoques do peixe rodovalho estavam em extinção e que as medidas regulatórias adotadas pelo Northwest Atlantic Fisheries Organization (Nafo) mostravam-se ineficientes, cabendo ao Canadá tomar as ações urgentes e necessárias para prevenção da destruição dos estoques. A seguir,

---

obligation of that State is precluded if the act is due to force majeure, that is the occurrence of an irresistible force or of an unforeseen event, beyond the control of the State, make it materially impossible in the circumstances to perform the obligation. 2. Paragraph 1 does not apply if: (a) the situation of force majeure is due, either alone or in combination with other factors, to the conduct of the State invoking it; or (b) the State has assumed the risk of that situation."

149. *"Article 25. Necessity. 1. Necessity may not be invoked by a State as a ground for precluding the wrongfulness of an act not in conformity with an international obligation of that State unless the act: (a) is the only way for the State to safeguard an essential interest against a grave and imminent peril; and (b) does not seriously impair an essential interest of the State or States towards which the obligations exists, or of the international community as a whole."*

passou a intervenções em alto-mar contra pesqueiros espanhóis, o que gerou conflitos com a Espanha e com a União Europeia, tendo a Espanha sustentado que a alegação do Canadá, de que visava a conservação dos peixes, não poderia ser aceita na medida em que já existia regulação a respeito da Convenção que estabeleceu o Nafo, da qual o Canadá fazia parte.

3.6 RENÚNCIA DO INDIVÍDUO LESADO

Essa excludente está diretamente relacionada ao já estudado instituto da proteção diplomática, e significa a renúncia, pelo indivíduo lesado, à proteção oferecida pelo Estado.

Passaremos a seguir a estudar a cláusula Calvo, maior representante dessa excludente.

3.6.1 Cláusula Calvo

A doutrina Calvo se deve aos posicionamentos de Carlos Calvo, ministro das Relações Exteriores da Argentina, em 1868.

Segundo a doutrina, um particular pode renunciar à proteção diplomática de seu país com um contrato formulado com um governo estrangeiro, privilegiando os tribunais do Estado com o qual contratou. Dessa forma, os Estados estrangeiros deveriam recusar a proteção solicitada posteriormente por seus nacionais em decorrência de fatos ocorridos em território estrangeiro onde se encontravam, sendo os tribunais locais os únicos competentes para análise de eventuais controvérsias em face da administração.[150]

O surgimento da doutrina insere-se em um contexto histórico no qual empresas estrangeiras se estabeleciam em países latino-americanos para exploração de recursos e, uma vez insatisfeitas com as políticas locais, requeriam proteção diplomática a seus respectivos Estados.

Embora a nulidade da cláusula Calvo possa ser alegada sob o argumento de que a proteção diplomática é um direito do Estado e não do indivíduo, posição da qual são partidários G. E. do Nascimento e Silva e Hildebrando Accioly,[151] tal cláusula tem sido aplicada em inúmeros contratos de concessão firmados, em que os estrangeiros renunciam à proteção diplomática de seus respectivos países, o que, na prática,

150. Mazzuoli, Valério de Oliveira. *Curso de direito internacional público*, cit., p. 479.

151. *Manual de direito internacional público*, cit., p. 168: "Por outro lado, é de alegar não só que o Estado não pode ser considerado como obrigado a estipulações de um contrato entre um dos seus nacionais e um governo estrangeiro, mas também que a proteção diplomática constitui, antes, o exercício de um direito e um interesse do Estado reclamante do que um direito ou interesse do seu nacional".

significa que os particulares se comprometem a se submeterem à jurisdição local caso surjam questões relativas à execução ou inexecução dos contratos.

Parte da doutrina entende, todavia, que a proteção diplomática se insere no campo dos direitos individuais disponíveis, podendo, portanto, ser renunciável a qualquer tempo. Essa é, por exemplo, a opinião de Francisco Rezek.

Confira-se, a seguir, o pensamento desse doutrinador:[152]

> A doutrina e diversos governos do hemisfério norte reagiram à Cláusula Calvo do modo previsível, estimando-a nula, e o fundamento jurídico dessa reação foi relativamente simples: a proteção diplomática, segundo o direito das gentes, não é direito próprio do particular, mas de seu Estado patrial. É sempre o último quem decide sobre o endosso da reclamação do súdito que se afirma lesado no estrangeiro, mesmo na ausência de um pedido formal deste. Não se compreende, em tais circunstâncias, que disponha o indivíduo ou a empresa da prerrogativa de renunciar à proteção diplomática, entendida como um direito que não lhe pertence. A Cláusula Calvo exprimiria renúncia a uma faculdade alheia, sendo por isso nula de pleno direito.
>
> Essas proposições, um tanto cínicas, pretendem ignorar a óbvia distinção que se faz em toda parte – mas notadamente nos países ocidentais investidores – entre o patrimônio estatal e o patrimônio privado. Escamoteiam, ao mesmo tempo, outra distinção elementar, aquela que separa os direitos individuais indisponíveis – a vida, a integridade física, a liberdade, a personalidade jurídica – e aqueles outros disponíveis, e, portanto, renunciáveis a qualquer tempo, dos quais a propriedade industrial ou comercial é o modelo por excelência. Como quer que seja, a doutrina Calvo colheu maior número de êxitos que de percalços na prática dos Estados e na jurisprudência internacional.

No mesmo sentido, as conclusões de Florisbal de Souza Del'Olmo, cujos ensinamentos acerca das origens e da validade da cláusula Calvo merecem ser registrados:[153]

> Procedidas essas observações, conclui-se pela validade da cláusula Calvo surgida na busca da melhor justiça, em uma época na qual pessoas jurídicas, na forma de empresas industriais e comerciais, mormente do hemisfério norte, estabeleciam-se em países latino-americanos pobres, na sua ambiciosa política de lucros. Quando não mais estavam interessadas em permanecer, procuravam novas formas de ampliar seus ganhos, mediante a busca de ressarcimentos e indenizações contra os governos desses países. Ante a improcedência dos pleitos, socorriam-se do suporte das autoridades de seus poderosos países. A cláusula aparecia, então, como um empecilho, pois limitava essa vantagem adicional de contar com tão expressivo amparo.

152. Rezek, Francisco. Op. cit., p. 284-285.
153. *Curso de direito internacional público,* cit., p. 146-147.

3.6.2 Doutrina Drago

Embora mais relacionada ao descumprimento da obrigação internacional de caráter pecuniário por um Estado, passaremos neste tópico a tratar da doutrina Drago, notadamente por ter sido inspirada em pronunciamento de Carlos Calvo, citado no item anterior.

O bloqueio e posterior bombardeio de portos imposto à Venezuela no ano de 1902 por parte da Inglaterra e da Alemanha levou Luís Maria Drago, ministro das Relações Exteriores da Argentina, a emitir nota de protesto ao governo dos Estados Unidos, na qual condenava o uso da força como meio de coagir um Estado ao pagamento de dívidas públicas.[154]

Tal posicionamento, inserido em um contexto de reação dos países latino-americanos ao expansionismo europeu, causou grande repercussão e passou a ser conhecido como doutrina Drago. Por meio dela, reconhece-se a obrigação do Estado devedor de pagar suas dívidas, mas se condena a cobrança coercitiva pela intervenção armada.

Drago pretendeu relacionar sua tese à doutrina Monroe, elaborada pelo presidente norte-americano James Monroe em 1823 e que se baseava no princípio de que o continente americano não poderia ser objeto de ocupação por qualquer potência europeia, sendo inadmissível a intervenção europeia nos negócios internos ou externos de qualquer país das Américas. Ainda, os Estados Unidos não interviriam nos negócios de qualquer país da Europa.[155]

Posteriormente, a doutrina foi submetida à 2ª Conferência da Paz, ocorrida em Haia, em 1907, transformando-se na Convenção Poter, que condena o uso da força para cobrança de dívidas salvo se o Estado devedor omitir-se em responder a um oferecimento de arbitragem ou recusar seu uso, ou ainda se, aceita a solução por arbitragem, não se conforme com a decisão proferida.[156]

Em 1910, por ocasião da 4ª Conferência Internacional Americana, concluiu-se convenção sobre reclamações pecuniárias: os Estados contratantes comprometeram-se a recorrer à arbitragem quando questões atinentes a dívidas apresentadas por nacionais não pudessem ser resolvidas pelos meios diplomáticos.

A contribuição da doutrina Drago ao tema que ora estudamos constituiu-se no banimento das intervenções armadas quando existentes conflitos pecuniários, o que se coaduna com o atual paradigma adotado pela Comissão de Direito Internacional da ONU em casos de responsabilidade, qual seja, a restrição da faculdade do Estado ofendido de aplicar unilateralmente sanções e medidas coercitivas, que ficam restritas, quando cabíveis, às sanções de natureza econômica.

154. Silva, G. E. do Nascimento e; Accioly, Hildebrando. *Manual de direito internacional público*, cit., p. 135-137.
155. Idem, ibidem, p. 138.
156. Idem, ibidem, p. 136.

3.7 CONSENTIMENTO DO ESTADO PREJUDICADO

Essa causa de exclusão da ilicitude, prevista no art. 20 do Draft da CDI, significa que o consentimento válido dado por um Estado a outro exclui a ilicitude do ato.[157] O ato deve, entretanto, ser praticado nos limites do referido consentimento.

Exemplos de consenso citados nos comentários ao Draft seriam comissões de inquérito situadas no território de um outro Estado, operações de resgate e arresto ou detenção de pessoas em território estrangeiro.[158]

Florisbal de Souza Del'Olmo cita caso ocorrido no Brasil, na década de 1970:[159]

> ... policiais uruguaios aprisionaram em Porto Alegre, RS, dois dissidentes políticos de seu país, Lílian Celiberti e Universino Diaz. O fato, ocorrido em momento em que Brasil e Uruguai viviam sob regime de exceção democrática, recebeu ampla divulgação da imprensa internacional e geral condenação da opinião pública. Teria havido, nesse caso, consentimento do Brasil, Estado prejudicado, que não invocou a responsabilização do Estado.

Em matéria ambiental, pode-se citar como exemplo a permissão de um Estado para que outro realize, em seu território, testes nucleares, atividade que, por si só, representa risco ao meio ambiente.

A nosso ver, entretanto, tal excludente também deve ser vista com reservas quando aplicada ao direito ambiental. Conforme já afirmamos, as questões atinentes ao meio ambiente, na grande maioria das vezes, não se limitam à esfera local, adquirindo dimensões globais.

Assim, o consentimento dado por um Estado não excluirá a ilicitude do ato frente a outro Estado que, em função de sua posição geográfica, por exemplo, sofra os efeitos da degradação ambiental, ou mesmo diante dos demais Estados da comunidade internacional quando se tratar de área afeta ao interesse global.

3.8 CULPA DA VÍTIMA

Segundo a teoria da culpa da vítima, a responsabilidade do Estado é atenuada ou mesmo excluída quando o lesado, por seus atos, der causa ao dano sofrido.

---

157. *"Article 20. Consent. Valid consent by a State to the commission of a given act by another State precludes the wrongfulness of that act in relation to the former State to the extent that the act remains within the limitis of that consent."*
158. *Draft Articles on Responsibility of States for Internationally Wrongful Acts, with Commentaries*, p. 73.
159. *Curso de direito internacional público*, cit., p. 142.

Tal excludente, também conhecida como *regra das mãos limpas*,[160] igualmente tem, a nosso ver, pouca aplicabilidade em questões ambientais, o que se justifica pela combinação de fatores que normalmente levam à degradação do ambiente, além do interesse global presente na matéria, e isso significa dizer que a pluralidade de vítimas e a pluralidade de causas prejudicam a aplicação dessa excludente em questões ambientais.

3.9 POSSIBILIDADE DE APLICAÇÃO DE EXCLUDENTES EM QUESTÕES AMBIENTAIS

Como já dissemos no início deste capítulo, tratando-se de responsabilidade subjetiva, não há como evitar a aplicação de excludentes de ilicitude. No entanto, observa-se que, como também já afirmamos, as questões ambientais interessam a toda a comunidade internacional, o que justifica as reservas que fizemos no decorrer do capítulo à aplicação de determinadas excludentes.

Acresça-se a isso o entendimento de que as normas relativas à proteção ao meio ambiente estabelecidas pelas Declarações de Estocolmo e do Rio de Janeiro têm natureza de princípios a serem seguidos pelos Estados e, em que pese sejam *soft law*, não perdem, a nosso ver, sua obrigatoriedade.

Essa observação é pertinente quando cotejada com o Draft sobre responsabilidade internacional do Estado da CDI, que, em seu art. 26, trata da conformidade com normas peremptórias dispondo que "nada neste capítulo preclui a ilicitude de qualquer ato de um Estado que não esteja em conformidade com uma obrigação advinda de uma norma peremptória de direito internacional geral".[161]

E assim, considerando-se os princípios gerais que compõem as normas internacionais de proteção ao meio ambiente e o art. 26 do Draft, a nosso ver poderia ser dito que, com a entrada em vigor do Draft, não se admitiriam excludentes quando se tratasse de ofensa a norma geral de proteção ambiental.

Reforçamos, porém, que, embora possa ser extraída teoricamente essa consequência, em vista dos diferentes graus de desenvolvimento dos Estados e da necessidade de se assegurar a paz no plano internacional, é indispensável a análise concreta do caso para que se apliquem ou não excludentes da ilicitude quando não estiver prevista, por meio de tratados, a responsabilidade objetiva.

160. Del'Olmo, Florisbal de Souza. *Curso de direito internacional público*, cit., p. 143.
161. *"Article 26. Compliance with peremptory norms. Nothing in this chapter precludes the wrongfulness of any act of a State which is not in conformity with an obligation arising under a peremptory norm of a general international law."*

CAPÍTULO 4

REPARAÇÃO DO DANO

A reparação do ilícito, no plano internacional, pode ocorrer por meios diplomáticos, políticos, jurisdicionais ou por arbitragem. Na prática, a forma como se dará a reparação depende da natureza e gravidade do dano, além das condições econômicas, políticas e sociais dos Estados envolvidos.

A prática mais comum costuma ser a reparação em dinheiro, já que, muitas vezes, ainda que se deseje a reparação das coisas ao estado em que se encontravam, tal providência mostra-se materialmente impossível.

No que toca à indenização, a questão mais discutida nesse tópico é como chegar a uma justa indenização, já estando pacificada a ideia de que ela deve incluir juros de mora, com o objetivo de se atingir um montante que compense toda a extensão do dano sofrido. Com relação aos lucros cessantes, por conta das dificuldades encontradas para sua real aferição, doutrina e jurisprudência divergem acerca de sua inclusão, questão que será mais adiante analisada.

Quanto à reparação por danos morais, pode dar-se por meio de um pedido de desculpas ou pelo reconhecimento formal do caráter ilícito do ato.

O projeto da CDI sobre responsabilidade internacional do Estado tratou da reparação do dano no capítulo referente às consequências legais advindas do ilícito internacional e, nesse contexto, a reparação, em sentido amplo, compreende a cessação da conduta, a reparação em sentido estrito e as seguranças e garantias contra a repetição do ato ilícito.

Ainda pelo projeto da CDI, a reparação em sentido estrito ocorre em três formas: a restituição *stricto sensu* ou restituição em espécie, a compensação, e a satisfação.[162]

---

162. "*Article 34. Forms of reparation. Full reparation for the injury caused by the internationally*

Para se chegar o mais próximo possível à integral reparação do dano, podem ser combinadas as diversas espécies de reparação.

4.1 CESSAÇÃO DO COMPORTAMENTO ILÍCITO

O Professor Gaetano Arangio-Ruiz, quarto relator da CDI, dedicou, em seu relatório preliminar, especial atenção à cessação do comportamento ilícito, a qual, frequentemente confundida com a restituição em espécie e analisada em conjunto com outras formas de reparação, foi considerada pelo relatório fora da moldura da reparação em sentido próprio.

Tal se explica pela diferente função desse instituto, que possui caráter preventivo, bem como pelo fato de, ao contrário das demais formas de reparação em sentido amplo, referir-se ao ilícito em si mesmo e não às suas consequências jurídicas.

Assim constou do relatório preliminar de Gaetano Arangio-Ruiz:[163]

> Neste sentido, obviamente, a cessação não é uma das formas de reparação como geralmente entendida, não é parte de uma contenda sobre responsabilidade internacional ou consequências substantivas de um ato ilícito, como usualmente e estritamente entendido. A cessação não é, na verdade, relacionada – seja como uma obrigação ou um remédio contra violação de direito internacional – à operação secundária que surge como efeito da ocorrência do ilícito internacional, mas sim à continuada operação da regra primária da qual a conduta ilícita constitui uma violação.

Percebe-se, então, que, ainda que a cessação influencie na reparação a ser feita em favor do Estado ofendido, já que a continuidade do ato ilícito influirá na extensão dos danos causados e, consequentemente, na quantidade e qualidade da reparação, o instituto da cessação está diretamente relacionado à preservação da regra primária, a qual, conforme definida anteriormente, constitui a obrigação de direito internacional que, uma vez descumprida, desencadeia a obrigação secundária, de reparar o dano e de aplicar uma sanção.

---

wrongful act shall take the form of restitution, compensation and satisfaction, either singly or in combination, in accordance whith the provisions of this chapter."

163. Arangio-Ruiz, Gaetano. *Preliminary report on State responsibiliy:* document A/CN.4/416 & Corr.1 & 2 and Add.1 & Corr.1. Extract from the Yearbook of the International Law Commission – 1988, v. II (1). Downloaded from the web site of the International Law Commission: <http://www.un.org/law/ilc/index.htm>. United Nations, p. 13, parágrafo 31, em tradução livre. "*In that sense, obviously, cessation is not one of the forms of reparation as generally understood; nor is it part of the content of international responsibility or of the substantive legal consequences of the wrongful act (as usually and rightly, narrowly understood). Cessation is indeed to be ascribed – as an obligation and as a remedy to violation of international law – not to the operation of the 'secundary' rule coming into play as an effect of the occurrence of the wrongful act but to the continued, normal operation of the 'primary' rule of which the previous wrongful conduct constitutes a violation.*"

Como explica André de Carvalho Ramos,[164] citando o relatório da Comissão de Direito Internacional da ONU:[165]

> A cessação da conduta violadora do Direito Internacional é considerada uma exigência básica para a completa eliminação das conseqüências do fato ilícito internacional, podendo servir como preservação do comando da norma primária através da utilização das normas secundárias da responsabilidade internacional do Estado. Com efeito, a violação de uma norma de Direito Internacional pode ensejar, se aceita pelo Estado lesado e pelos Estados da Comunidade internacional, uma modificação do próprio Direito Internacional. Nesse sentido, a cessação da conduta ilícita interessa [sic] todos os Estados que não desejem a alteração da norma internacional para o sentido obtido pela violação. Assim, em termos teóricos, a cessação da conduta ilícita está na encruzilhada entre as normas primárias e as normas secundárias de responsabilidade internacional do Estado.

Deduz-se ainda que a cessação está diretamente relacionada aos atos ilícitos contínuos cujo elemento essencial de distinção, conforme ensinamento, está na instantaneidade ou na permanência da ação, não podendo haver confusão entre ilícitos contínuos, cuja ação está em permanente renovação, e ilícitos instantâneos mas cujos efeitos são contínuos e se protraem no tempo.

A distinção tem especial importância do ponto de vista do direito ambiental, em que são comuns ambas as espécies de ilícitos.

Entretanto, anote-se que, para um ilícito contínuo, por exemplo, a contínua poluição do ar por uma fábrica atingindo um Estado vizinho, é possível a utilização do remédio da cessação do comportamento ilícito, impedindo maiores danos ambientais.

Mas isso não ocorre quando, uma vez cessado o comportamento, os efeitos da poluição lançada se protraem no tempo, causando dano ambiental. Nesse caso, em que deixou de existir a violação da norma primária, só resta ao Estado ofendido pleitear a reparação em sentido estrito, pois esvaziou-se o conteúdo do pedido de cessação.

Guido Fernando Silva Soares[166] salienta a importância da cessação do comportamento ilícito em sede de direito ambiental, especialmente considerando-se os princípios da cooperação mútua e da preservação, que fundamentam o direito internacional do meio ambiente.

Salienta também que a importância do instituto torna-se mais evidente em casos de violações consubstanciadas por omissões, por exemplo, quando um Estado deixa de adotar internamente legislação que assegure efetiva proteção ao meio ambiente, provocando dano transfronteiriço.

164. Op. cit., p. 267-268.
165. Report of the Commission to the General Assembly – State responsibility, v. II, New York: United Nations, 1995, § 4º, p. 60.
166. *Direito internacional do meio ambiente:* emergência, obrigações e responsabilidades, cit., p. 762.

Como aduz o autor,

> numa reclamação internacional, muito mais importante seria um pedido de cessação dos efeitos (cessação da lacuna legislativa) do que qualquer outro pedido de *restitutio ad integrum* incabível, pois se trata de situação nova, de necessidade de uma norma imposta por uma regra recente de Direito Internacional e pedido de reparação, inadequado, uma vez que ainda não existiriam danos econômicos a contabilizar-se no mesmo.[167]

Ainda no que concerne à cessação da conduta ilícita, Gaetano Arangio-Ruiz, quando relator da CDI, salientou a diferença entre esse instituto e reparação e também entre ele e a restituição em sentido estrito.

Como explica, a reparação responde à exigência de apagar todas as consequências, jurídicas e fáticas, do ato ilícito. A cessação, por sua vez, não tem por objeto apagar as consequências do ilícito, seu objeto é o ilícito em si mesmo. Então, a obrigação do Estado autor de cessar a conduta ilícita e cumprir a regra primária de direito internacional é independente de qualquer reclamação do Estado ofendido.

No que toca à restituição em sentido estrito, que será analisada mais pormenorizadamente no item 4.3, muitos autores incluem medidas como liberação de pessoas ou devolução de objetos entre os casos de reparação em sentido estrito.

Gaetano Arangio-Ruiz, entretanto, considera que tais casos devem, na verdade, ser qualificados como de cessação da conduta ilícita, tendo em vista o caráter contínuo dos atos impugnados, o que não exclui a possibilidade de, algumas vezes, a mesma ação constituir também restituição em sentido estrito.

Como se sabe, a restituição em sentido estrito implica o restabelecimento da situação anterior ao ilícito.

No caso específico de devolução de objetos, devem ser devolvidos da forma como se encontravam anteriormente à conduta ilícita e, assim, a restituição em sentido estrito implica, consequentemente, a cessação da conduta ilícita, embora tenha uma abrangência maior, já que não se esgota na simples devolução do objeto.

Concluindo, o instituto da cessação da conduta ilícita difere substancialmente quer da reparação quer da restituição específica. Nas palavras do citado relator da CDI,

> Eles diferem do ponto de vista de sua origem (regra primária ou secundária) bem como do ponto de vista de seu objeto (cumprimento da obrigação original ou reparação pelo restabelecimento do *status quo ante* ou restabelecimento da situação que ocorreria caso o ilícito não tivesse ocorrido) e a distinção parece manifestar-se também em conexão com atos ilícitos omissivos assim como atos ilícitos comissivos.

---

167. Soares, Guido Fernando Silva. *Direito internacional do meio ambiente:* emergência, obrigações e responsabilidades, cit., p. 762.

No contexto de uma análise legal, parece ser correto nem absorver a cessação da conduta ilícita ao conceito amplo de restituição nem vice-versa, absorver o conceito de restituição em casos de cessação. Ao contrário, observa-se concretamente que ambos os remédios são efetivamente separados ou aparecem em combinação mas são todavia distintos.[168]

4.2 SEGURANÇAS E GARANTIAS DE NÃO REPETIÇÃO

As seguranças e garantias contra a repetição constam da alínea "b" do artigo 30 do Draft da CDI, que, em tradução livre, assim dispõe:

> **Artigo 30.** Cessação e não repetição.
> O Estado responsável por um ilícito internacional está sob a obrigação de:
> *a*) cessar o ato, se este é contínuo;
> *b*) oferecer as seguranças necessárias e garantias contra a não repetição, se as circunstâncias requererem.[169]

Seguranças e garantias contra a repetição são, nas palavras da Comissão de Direito Internacional, "relativas à restauração da confiança e continuidade da relação conquanto envolvem muito mais flexibilidade que a cessação e não são requeridas em todos os casos".[170]

Percebe-se, assim, que as seguranças e garantias contra a repetição, uma vez que visam o restabelecimento da confiança entre os Estados envolvidos, baseiam-se no anseio de continuar a relação afetada pelo ato ilícito.

Comumente, as seguranças e garantias são requeridas juntamente com a satisfação, e os dois remédios acabam por entrelaçar-se. Mas, como já exposto, as garantias e seguranças têm em mira o futuro, pois visam preservar uma relação abalada pelo ilícito, ao passo que a satisfação visa a reparação de uma situação passada.[171]

168. Arangio-Ruiz, Gaetano. *Preliminary report on State responsibility*, 1988, v. II (1), extract from the Yearbook of International Law Commission, p. 19, tradução livre: "*They differ from the point of view of their source (primary or secondary rule) as well as from the point the view of their object (discharge of the original obligation or reparation by re-establishment of the status quo ante or re-establishment of the situation that would exist if the wrongful act had not occurred), and the distinction seems to manifest itself in connection with omissive as well as with comissive wrongful acts. In the context of a proper legal analysis, it seems therefore to be correct neither to absorb cessation of wrongful act within the concept of a wider form of restitutive reparation nor, vice versa, to absorb the remedy of restitutio into a case of cessation. On the contrary, it is concretely observable that the two remedies either are factually separate or appear in combination but are nevertheless distinct*".

169. "*Article 30. Cessation and non-repetition. The State responsible for the internationally wrongful act is under an obligation: (a) to cease that act, if it is continuing; (b) to offer apropriate assurances and guarantees of non-repetition, if circumstances so require.*"

170. *Draft Articles on Responsibility of States for Internationally Wrongful Acts, with Commentaries*, p. 89, tradução livre: "*Assurances and guarantees are concerned with the restoration of confidence in a continuing relationship, although they involve much more flexibility than cessation and are not required in all cases*".

171. *Draft Articles on Responsibility of States for Internationally Wrongful Acts, with Commentaries*, p. 90.

No plano do direito ambiental, as seguranças e garantias de não repetição referem-se à garantia de que uma obrigação relativa ao meio ambiente não mais será desrespeitada, e constituem importante instrumento de garantia da preservação ambiental.

4.3 RESTITUIÇÃO EM SENTIDO ESTRITO

A restituição em sentido estrito constou no projeto da CDI como uma das formas de reparação em sentido amplo. Em sua definição, duas tendências manifestam-se na doutrina.

Para parte da doutrina, a restituição em sentido estrito implica o restabelecimento da situação existente antes da conduta ilícita. Para outra vertente, a restituição em sentido estrito significa o restabelecimento da situação que existiria caso o ilícito jamais tivesse ocorrido.

A adoção de uma ou outra posição tem relevância especialmente se ponderarmos que a segunda posição considera a possibilidade de lucros cessantes e atribui à restituição em sentido estrito uma característica compensatória.

Gaetano Arangio-Ruiz[172] explica que as duas posições cobrem diferentes áreas. A primeira implica a restituição fática ou jurídica de uma situação passada que efetivamente existiu e que foi modificada pelo ato ilícito, ao passo que a segunda posição engloba também uma situação teórica, fática ou jurídica que presumivelmente seria parte da realidade caso o ilícito não tivesse ocorrido.

Como se vê, a adoção de uma ou outra posição implica, em termos de direito ambiental, a reparação integral ou não do meio ambiente. Sabe-se que, muitas vezes, não será suficiente a simples restituição da situação passada, já que o meio ambiente está sempre em transformação e um dano ambiental pode, efetivamente, interferir em uma situação futura que certamente existiria caso o dano não tivesse acontecido.

Um exemplo simples é a poluição transfronteiriça de rios que cause a morte da fauna. Certamente, o simples ato de despoluir o rio não restaurará integralmente o meio ambiente, o que justificaria a restituição com caráter compensatório.

A posição adotada pelo projeto da CDI sobre responsabilidade do Estado é a mais restrita, segundo a qual a restituição consiste em restabelecer a situação existente antes do ato ilícito, como se nota de seu art. 35, em tradução livre:[173]

---

172. *Preliminary report on State responsibility*, p. 22.

173. *"Article 35. Restitution. A State responsible for an internationally wrongful act is under an obligation to make restitution, that is, to re-establish the situation which existed before the wrongful act was committed, provided and to the extent that restitution: a) is not materially impossible; b) does not involve a burden out of proportion to the benefit deriving from restitution instead of compensation." Draft Articles on Responsibility of States for Internationally Wrongful Acts, with Commentaries*, p. 96.

Um estado responsável por um ilícito internacional tem a obrigação de fazer a restituição, qual seja, restabelecer a situação existente antes do cometimento do ilícito, contanto que o alcance desta restituição:
a) não seja materialmente impossível;
b) não envolva um ônus desproporcional ao benefício advindo da restituição em vez da compensação.

A opção pela posição mais restrita, segundo consta dos comentários ao art. 35 do Draft sobre responsabilidade internacional do Estado aprovado pela Comissão de Direito Internacional em 2001, tem a vantagem de concentrar-se na situação fática e não em uma situação hipotética que poderia ter existido caso não houvesse o ilícito. Adotando-se essa posição, segundo o relatório da CDI, a restituição poderá ser complementada por compensação com o objetivo de se chegar à reparação integral do dano causado.[174]

Verifica-se, todavia, que a jurisprudência e a prática internacional têm adotado, dependendo da situação concreta, uma ou outra posição.

No caso da fábrica de Chorzow,[175] frequentemente citado na literatura sobre a responsabilidade internacional do Estado, a Corte Internacional de Justiça, por sentença datada de 13/09/1928, adotou a segunda posição, afirmando que a reparação deveria fazer desaparecer todas as consequências do ato ilegal, além de restabelecer a situação que, com toda a probabilidade, teria existido se o ato não tivesse sido cometido.[176]

Em tradução livre, esta foi a decisão da Corte:

174. *Draft Articles on Responsibility of States for Internationally Wrongful Act, whith Commentaries,* p. 96: *"Article 35 adopts the narrower definition which has the advantage of focusing on the assessment of a factual situation and of not requiring a hypothetical inquiry into what that situation would have been if the wrongful act had not been commited. Restitution in this narrow sense may of course have to be completed by compensation in order to ensure full reparation for the damage caused, as article 36 makes clear".*

175. O caso refere-se à expropriação, sem qualquer compensação, levada a efeito pela Polônia, de uma fábrica de produtos químicos pertencente a pessoa jurídica de direito privado alemão, construída com capital alemão e que se situava em território polonês. A causa pendia de julgamento perante a justiça polonesa e perante o Tribunal Arbitral Misto Germano-Polonês de Paris quando a Alemanha ingressou na Corte Internacional Permanente de Justiça.

176. Corte Permanente de Justiça Internacional. Case concerning the factory at Chorzow, P.C.I.J. Série A, julgamento de 13 de setembro de 1928. Disponível em: <http://www.icj-cij.org/pcij/série_A/A_17/54_Usine_de_Chorzow_Fond_Arret.pdf>. Acesso em: 24 out. 2008, p. 47: *"Le principe essentiel, qui découle de la notion même d'acte illicite et qui semble se dégager de la pratique internationale, notamment de la jurisprudence des tribunaux arbitraux, est que la réparation doit, autant que possible, effacer toutes les conséquences de l'acte illicite et rétablir l'état qui aurait vraisemblablement existé si ledit acte n'avit pas été commis. Restitution en nature, ou, si elle n'est pas possible, paiement d'une somme correspondant à la valeur qu'aurait la restitution en nature; allocation, s'il y a lieu, de dommages-intérêts pour les pertes subies et qui ne seraient pas couvertes par la restitution en nature ou le paiement qui en prend la place; tels sont les príncipes desquels doit s'inspirer la détermination du montant de l'indemnité due à cause d'un fait contraire au droit international".*

> O princípio essencial que decorre da noção mesma de fato ilícito e que parece se depreender da prática internacional, notadamente da jurisprudência dos tribunais arbitrais, é que a reparação deverá, tanto quanto for possível, apagar todas as conseqüências do ato ilícito e restabelecer o estado que verossimilmente existiria se dito ato não tivesse sido cometido. Reparação *in natura*, ou se esta não é possível, pagamento de uma soma correspondente ao valor da restituição *in natura*, indenização pelas perdas sofridas e que não serão cobertas pela restituição *in natura* ou o pagamento que lhe tome lugar; assim são os princípios nos quais deve se inspirar a determinação do montante da indenização devida por conta de um fato contrário ao direito internacional.

Há, entretanto, decisões internacionais que adotaram a posição mais restrita, como se nota dos exemplos apontados por Gaetano Arangio-Ruiz em seu relatório à CDI. Tal é o caso da decisão da Corte Centro-Americana de Justiça na disputa entre El Salvador e Nicarágua por conta do Tratado Bryan-Chamorro, firmado entre Estados Unidos e Nicarágua, no qual foi estabelecido que o governo da Nicarágua deveria restabelecer e manter o *status* existente entre este país e El Salvador antes de referido tratado.[177]

Ainda no que concerne à restituição específica, cabe apontar a distinção geralmente feita pela doutrina entre restituição jurídica e restituição material.

A definição de restituição material não apresenta maiores problemas doutrinários: ela se dá com a devolução material do objeto ou o retorno de pessoa ao Estado lesado. É o caso de restituição de território, de pessoas detidas em contrariedade ao direito internacional, e de objetos como embarcações ou obras de arte. Como exemplo de devolução material, temos o caso do Templo de Preah Vihear, em que a Corte Internacional de Justiça decidiu em favor do Camboja pleito que pedia a devolução de objetos retirados do mencionado templo pela Tailândia.

No que toca à restituição jurídica, ocorre quando a restituição implica modificação do sistema legal do Estado autor ou, do ponto de vista do direito internacional, das relações jurídicas entre o Estado autor e um ou mais Estados.

Um exemplo de restituição jurídica é o caso do já citado julgamento da Corte Centro-Americana de Justiça com relação ao Tratado de Bryan-Chamorro, em que o reconhecimento do direito de El Salvador implicou modificações das relações estabelecidas por meio do citado tratado entre Nicarágua e Estados Unidos.

177. O Tratado de Bryan-Chamorro foi um acordo internacional firmado em 1914 entre Estados Unidos e Nicarágua. Por esse tratado, o governo da Nicarágua concedia aos Estados Unidos direitos de propriedade de terrenos necessários para a instalação de um canal interoceânico, além de permitir aos Estados Unidos que construíssem no Golfo de Fonseca uma base naval. Em 1916, o governo de El Salvador recorreu à Corte Interamericana de Justiça alegando que referido tratado violava seus direitos, pois era também proprietário das águas do Golfo de Fonseca, tendo saído vitorioso na demanda.

No entanto, somente em casos mais simples a restituição material ocorrerá isoladamente, pois, em geral, o que se verifica é a restituição jurídica acompanhada da restituição material.

Voltando ao art. 35 do projeto da CDI, cabe analisar as hipóteses que inviabilizam a restituição em sentido estrito.

A hipótese prevista na alínea "a" do art. 35 é a de impossibilidade material, e ocorre quando a propriedade a ser restituída encontra-se perdida ou destruída ou deteriorada a tal ponto que perde seu valor.

No caso das Florestas da Rhodopia Central,[178] a situação mostrou-se mais complexa, pois, além de as florestas terem se transformado desde sua anexação pela Bulgária, terceiros adquiriram direitos sobre elas, e essa conjunção de fatores tornou impossível a restituição material.

Ressalte-se que o Estado autor não pode alegar em seu favor dificuldades relativas a seu sistema legal interno ou a fatos políticos ou administrativos para eximir-se de proceder à restituição, ainda que seu sistema legal em conjunto com sua situação política, econômica e social sejam, de fato, relevantes para que se dê, no plano fático, a efetiva restituição.[179]

No que toca ao item "b" do art. 35, está diretamente relacionado ao princípio da proporcionalidade e razoabilidade. O ônus a ser sustentado pelo Estado autor deve mostrar-se proporcional ao ato ilícito e à ofensa.

Como afirma o Professor Gaetano Arangio-Ruiz em seu relatório:

> É importante enfatizar neste estágio que, como o limite da excessiva onerosidade reside no princípio da proporcionalidade entre a gravidade da violação e a ofensa, por um lado, e a qualidade e a quantidade da reparação, por outro, tal limite parece assumir um diferente peso de acordo com a dimensão qualitativa ou quantitativa do ato ilícito pela qual a reparação é buscada.[180]

---

178. Este caso também é citado como exemplo de impossibilidade material no relatório da Comissão de Direito Internacional em sua 53ª sessão, de 2001. Trata-se de disputa entre a Grécia e a Bulgária por conta da anexação das florestas pela Bulgária, tendo a Grécia reclamado seus direitos de propriedade existentes antes da anexação.

179. Parte minoritária da doutrina possui o entendimento de que a jurisdição doméstica pode ser invocada como impossibilidade de cumprimento da restituição específica. García Amador e Riphagen, ambos relatores da CDI, anteriormente ao Professor Gaetano Arangio-Ruiz, partilhavam o entendimento de que a restituição integral era limitada por princípios da lei municipal e constitucional. Confira-se em: Arangio-Ruiz, Gaetano. *Preliminary report on State responsibility*, p. 30: "*It is useful to recall, in the first place, the opinion of two of the previous Special Rapporteurs, Mr. García Amador and Mr. Riphagen. Although there are some differences, which are reflected in the respective draft articles proposed, their points of view seem to be similar. The both seem to believe that the functioning of restitutio in integrum as a remedy (notably the so-called juridical restitutio) would be limited by important principles of municipal law, and especially of constitutional law. In particular, the injured State would not be entitled to claim restitutio where the application of such remedy would entail the annulment or the non-application of legislative provisions, of administrative acts or definitive judgements whithin the legal system of the author State*".

180. *Preliminary report on State responsibility*, p. 34, tradução livre: "*It is important to stress at this stage that, since the raison d'être of the limit of excessive onerousness resides in the principle of proportionality between the*

Por fim, cabe analisar se há direito de escolha, por parte do Estado prejudicado, entre a restituição e a compensação pecuniária.

Parte da doutrina reluta em admitir essa possibilidade sob o argumento de que o direito de escolha poderá levar a abusos por parte do Estado ofendido.

Para outros, entre eles Gaetano Arangio-Ruiz, o direito de escolha é admitido, embora não seja ilimitado. Como explica o autor, a restituição devida pelo Estado autor em caso de violação de normas imperativas ou obrigações *erga omnes* não pode ser renunciada pelos Estados ofendidos em favor da compensação.[181]

Com relação à responsabilidade subjetiva por dano ambiental, são cabíveis as seguintes considerações:

1. A impossibilidade material de proceder à restituição específica é comum e ocorre quando, em função da degradação ambiental sofrida, o retorno do bem à situação anterior mostra-se impossível.
2. Face à natureza *sui generis* do direito ambiental, em que coexistem, em função da poluição ambiental, vários Estados ofendidos, entre eles o próprio Estado autor, e em que a poluição desprendida por um pode ser agravada ou potencializada pelos poluentes desprendidos por outros Estados, a reparação específica torna-se complexa, embora, teoricamente, seja a que mais se aproxima do princípio da proteção ambiental expresso na Declaração do Rio de Janeiro sobre Meio Ambiente e Desenvolvimento.

Vale aqui transcrever as considerações de Guido Fernando Silva Soares,[182] de cujo entendimento partilhamos, acerca da aplicação da restituição específica e do projeto da CDI sobre responsabilidade no âmbito do direito ambiental, no que toca à impossibilidade material e à excessiva onerosidade:

> Outras hipóteses de responsabilidades por danos ao meio ambiente, em particular aquelas que estabelecem proibições aos Estados, necessitam ser consideradas à vista do Projeto da CDI, que, relembre-se, reflete o estado atual do Direito Internacional não escrito. Os dispositivos do art. 7º do Projeto da CDI parecem contemplar, de maneira imperfeita, pelo menos em nossa interpretação, a hipótese de um caso mais

seriousness of the violation and injury, on the one hand and the quality and quantity of reparation, on the other, the limit in question (dealt with in paras. 99-102 above) seems bound to assume a different weight according to the qualitative and quantitative dimension of the wrongful act for which reparation is sought".

181. Arangio-Ruiz, Gaetano. *Preliminary report on State responsibility*, p. 37: "*It must be stressed that the right of choice on the part of the injured State should not be unlimited. Whenever restitutio is due by the author state for a violation of an imperative rule or, more generally, of a rule setting forth an erga omnes obligation, it cannot be renounced (in favour of pecuniary compensation) by the directly injured State or States*".

182. *Direito internacional do meio ambiente:* emergência, obrigações e responsabilidades, cit., p. 766-767. Ressalte-se que citada obra não tomou como base o Draft aprovado em 2001 pela CDI, e sim os relatórios anteriores, razão pela qual constam outras hipóteses que impossibilitam a restituição em espécie além da impossibilidade material e excessiva onerosidade, únicas que permaneceram no projeto final.

recente no Direito Internacional do Meio Ambiente, em decorrência da Convenção Quadro sobre Mudança do Clima (Rio, 1992): as proibições de emissões de gases de efeito estufa (aqueles emanados da queima de combustíveis fósseis, responsáveis pela elevação da temperatura da Terra, leia-se: meios de transporte e termoelétricas, que utilizam a queima de combustíveis fósseis) podem, conforme pretendem alguns Estados, ser substituídas pela criação de sumidouros em outros países (plantação de florestas), na tentativa de elidir as referidas proibições de emissões. Ora, as hipóteses de a restituição em espécie ser substituída por outras formas de reparação, no Projeto da CDI, são: (1) impossibilidade material, art. 7º (a) (no caso, a longo prazo, poderia haver uma substituição dos níveis de emissões pelo número de árvores plantadas alhures); (2) violação de uma obrigação nascida de uma norma imperativa de direito internacional geral, art. 7º (b) (parece que plantar árvores não viola uma obrigação *jus cogens*); (3) não represente uma carga excessivamente onerosa para o Estado poluidor, declarado violador da norma, art. 7º (c) (e propiciar o plantio de florestas, em outros países, seria uma atitude altamente louvável para a opinião pública interna, sobretudo para os "partidos verdes" do Estado poluidor) e, enfim (4) a restituição em espécie não comprometa gravemente a independência política ou a estabilidade econômica do Estado causador do dano, art. 7º (d) (e aqui, deve ter-se em consideração que, no caso da Convenção do Clima, a restituição em espécie quereria significar um freio no uso de transportes movidos a derivados de petróleo e uma paralisia de qualquer atividade que importasse a queima de combustíveis orgânicos).

No art. 7º analisado, pelo menos nas letras (c) e (d), torna-se patente que é com base na análise dos efeitos onerosos ou despropositados que uma restituição em espécie vier causar ao Estado violador da norma, que os julgadores, árbitros ou juízes internacionais poderão autorizar outra forma de reparação, à escolha do Estado lesado (pense-se em indenização estando afastada uma imposição de obrigação de fazer, inexistente ao Direito Internacional). Além de ser um tratamento privilegiado a um causador de dano, a hipótese irá penalizar um terceiro Estado, que pode ser inclusive uma das vítimas da poluição global, ao exigir-se-lhe tornar-se um grande jardim botânico, santuário ecológico, a fim de permitir a outros países continuarem com suas atividades corriqueiras intocadas.

4.4 COMPENSAÇÃO

A compensação está prevista no art. 36 do Draft da Comissão de Direito Internacional e é a forma de reparação do dano mais comumente buscada.

Assim dispõe o art. 36, em tradução livre:

> 1. O Estado responsável por um ilícito internacional está sob a obrigação de compensar o dano causado por meio deste, na medida em que referido dano não é bem reparado pela restituição.

> 2. A compensação deve cobrir quaisquer danos avaliáveis, incluindo perda de lucros na medida em que for estabelecido.[183]

Verifica-se da leitura do art. 36 que a restituição deve ser buscada primeiro.

Porém, ainda que a restituição em sentido estrito seja em teoria a que melhor recompõe a situação anterior ao dano, muitas vezes se mostra inadequada, havendo situações em que a restituição é insuficiente para a cobertura de todo o dano, o que justifica o recurso à compensação.

Deve-se também diferenciar entre compensação, que, segundo o art. 36, refere-se a danos avaliáveis em termos financeiros, e satisfação, a qual é tratada pelo Draft em seu art. 37 e refere-se à ofensa moral.

Acrescente-se que, como o próprio nome diz, a compensação tem caráter puramente compensatório, não possuindo qualquer característica punitiva.

A doutrina e a jurisprudência internacionais não divergem quanto à inclusão de juros moratórios e dos danos emergentes no valor da indenização pelos danos diretos sofridos pelo Estado, entendidos por danos diretos aqueles sofridos em seu patrimônio material,[184] havendo, entretanto, controvérsias com relação ao pagamento de lucros cessantes.

Guido Fernando Silva Soares afirma que:

> Na verdade as dificuldades em conceder os lucros cessantes prendem-se à intricada questão da determinação dos nexos causais entre o dano e o ilícito (a questão dos danos indiretos, num sentido particular deste conceito a que se referiu anteriormente[185]) e a outra não menos complexa, da previsibilidade do autor do dano em relação aos resultados danosos à pessoa lesada.[186]

Já Francisco Rezek[187] afirma que, conforme a jurisprudência internacional, a indenização justa

> ... deve compreender, sobre o montante básico, o correspondente ao que no Brasil chamamos de juros moratórios, resultantes do tempo de espera, pela vítima, do

183. "*Article 36. Compensation. 1. The State responsible for an internationally wrongful act is under an obligation to compensate for the damage caused thereby, insofar as such damage is not made good by restitution. 2. The compensation shall cover any financially assessable damage including loss of profits insofor as it is established.*"

184. Denominam-se danos indiretos os danos pessoais, sofridos pelas pessoas de direito interno sob a jurisdição do Estado ofendido. (Soares, Guido Fernando Silva. *Direito internacional do meio ambiente*: emergência, obrigações e responsabilidades, cit., p. 769).

185. O autor se refere ao critério doutrinário de classificação dos danos entre diretos e indiretos com o objetivo de distinguir quais danos seriam indenizáveis. "Um primeiro critério, que se encontra pouco a pouco sendo abandonado, dada sua imprecisão, a fim de distinguir os danos indenizáveis dos que não o são, baseia-se na distinção entre danos diretos, gerados por causa primeira e os indiretos, por causas remotas ou correlatas." (*Direito internacional do meio ambiente*: emergência, obrigações e responsabilidades, cit., p. 769-770).

186. Idem, ibidem, p. 770.

187. Op. cit., p. 287.

efetivo recebimento do que lhe é devido. Hão de compensar-se também, se for o caso, os lucros cessantes. Não, porém, os chamados danos indiretos, mas só aqueles que tenham sido o resultado imediato do ilícito.

Como se verifica, a questão da inclusão dos lucros cessantes no montante da indenização não é pacífica e, segundo nosso entendimento, deve ser ponderada e analisada no caso concreto, levando-se em conta, como ensina Guido Fernando Silva Soares, a previsibilidade e o nexo causal entre o dano e o ilícito.

Questão bastante controversa diz respeito aos métodos de avaliação dos danos causados. Na prática internacional, eles têm variado conforme o caso concreto, e nem sempre a decisão parte de um Tribunal *ad hoc* ou de uma corte internacional, pois os Estados podem chegar, mediante acordo, a um valor comum.

Foi esse o caso do Satélite Soviético Cosmos 954, em que Canadá e União Soviética assinaram um protocolo para pagamento dos danos causados pela intrusão do satélite, remoção e testes de escombros radioativos.[188]

4.4.1 Avaliação do dano. Problemas pertinentes ao direito ambiental

A avaliação do dano ambiental é uma tarefa difícil e deve considerar não apenas os prejuízos econômicos sofridos pelo Estado, mas o dano intrínseco e relacionado à própria degradação do meio ambiente e da sociedade a sua volta.

Como explica Marcos Destefenni,[189] o objeto material do dano ecológico pode ser "o conjunto dos recursos bióticos (seres vivos); o conjunto dos recursos abióticos (água, ar, terra), a interação entre eles: a ecologia já evidenciou que há uma inseparável ligação entre os organismos vivos e o ambiente inerte".

Beatriz Silva Torres,[190] em seu artigo sobre a avaliação do dano ambiental, aduz ser necessário distinguir entre o valor intrínseco e o valor instrumental do meio ambiente.

O valor intrínseco refere-se ao valor próprio do sistema, e a avaliação "se faz sobre as ações e objetos que mantêm a integridade do ecossistema ou de seus integrantes...".[191]

---

188. Cf. em *Draft Articles on Responsibility of States for Internationally Wrongful Acts, with Commentaries*, p. 101.
189. Op. cit., p. 131.
190. Torres, Beatriz Silva. Evaluación del daño ambiental: perspectiva internacional. In: Congresso Internacional de Direito Ambiental, (10:2006:São Paulo, SP) – International Conference on Environmental Law. Direitos humanos e meio ambiente = Human rights and the environment/ org. Antonio Herman Benjamin – São Paulo: Imprensa Oficial do Estado de São Paulo, 2006. 2v., p. 367-384.
191. Torres, Beatriz Silva. Op. cit., p. 368, tradução livre: "*Es interesante bajo esta perspectiva, poder distinguir entre valor intrínseco y valor instrumental del ambiente. La primera se refiere al valor propio del sistema, cada integrante del sistema se debe mantener con su propio derecho, por lo que la evaluación se hace sobre las acciones u objetos que mantienen la integridad del ecosistema y/o sus integrantes. Por otro lado está la evaluación instrumental que mantiene una perspectiva totalmente antropocéntrica u asigna valores y métodos que asignan un valor*".

A avaliação instrumental, por sua vez, mantém, como aduz a autora, uma característica antropocêntrica e leva em conta métodos para se chegar a um valor para a reparação do dano, considerando-se fatores econômicos e sociais.

Diversas técnicas, baseadas em elementos de probabilidade e risco, são utilizadas para se chegar a um valor que compense os danos causados. Entre elas se destacam a verificação do valor de mercado dos bens danificados e a avaliação da perda de lucros e das despesas incidentais, por exemplo, despesas com a limpeza dos escombros, como no caso Cosmos 954, supracitado.

No que toca aos lucros perdidos, não devem ser meramente especulativos, mas factualmente possíveis em vista da situação concreta existente antes do dano.

A compensação é devida também em casos de danos materiais ou morais sofridos pelas pessoas físicas ou jurídicas, sob a jurisdição do Estado ofendido.

Ocorrendo a morte de indivíduos, os critérios utilizados para se chegar ao valor da indenização se baseiam nas perdas sofridas pelos sucessores e são semelhantes aos utilizados em nosso direito interno: compensação da família pela dor da perda e a projeção do quanto a pessoa falecida contribuiria, se estivesse viva, para a economia familiar.

Em casos de prisão indevida, normalmente é atribuída uma certa quantia por dia passado na detenção, a qual pode ser aumentada se constatado que as condições do confinamento levaram a pessoa a sofrer danos mentais e ofensas psicológicas.[192]

Tratando-se de dano ambiental, deve-se optar, preferencialmente, pela restauração natural, que restitua a situação a seu *status quo ante.*

A restauração, em geral, dá-se na forma de condenação do responsável a uma obrigação de fazer ou de não fazer, e não se confunde com a *compensação da vítima* pelo prejuízo sofrido, a qual, nesse caso, se enquadraria na hipótese de compensação por danos pessoais.

Sendo impossível a reparação específica, deve-se optar por uma solução alternativa, adotando-se uma medida de importância ecológica equivalente.

Por fim, apenas não sendo possível a recuperação do ambiente degradado, a reparação se dará na forma de compensação, uma vez que o princípio do poluidor pagador,[193] expresso na Convenção Rio 92, não pode ser visto como autorização

192. Report of International Law Commission on the work of its fifty-third session, p. 102, tradução livre: "*In cases of deprivation of liberty, arbitrators sometimes awarded a set amount for each day spent in detention. Awards were often increased when abusive conditions of confinement accompanied the wrongful arrest and imprisonment, resulting in particularly serious physical or psychological injury*".

193. Princípio 16 da Declaração do Rio de Janeiro sobre Meio Ambiente e Desenvolvimento: "As autoridades nacionais deverão esforçar-se por promover a internalização dos custos ambientais e a utilização de instrumentos econômicos, tendo em conta o princípio de que o poluidor deverá, em princípio, suportar o custo da poluição, com o devido respeito pelo interesse público e sem distorcer o comércio e investimento internacionais".

para que se polua desde que o poluidor se predisponha a pagar pelo meio ambiente lesado.[194]

O valor da compensação deve reembolsar o Estado lesado dos custos com o combate à poluição, a limpeza de áreas e a desvalorização da propriedade em razão da degradação ambiental.

De maior complexidade, no entanto, é a compensação de danos causados a bens não passíveis de quantificação, como a biodiversidade, o clima, a extinção de uma espécie nativa decorrente do dano ambiental.

Lembre-se, entretanto, que a avaliação do dano ambiental, assim como a avaliação de outras espécies de danos transfronteiriços, deve pautar-se na razoabilidade, sendo necessário, por vezes, a realização de uma perícia técnica. No direito interno, a doutrina indica vários critérios a serem sopesados na análise do caso concreto.

Nada impede que tais critérios sejam levados em conta quando da avaliação do dano transfronteiriço, ainda que, conforme ponderações de Guido Fernando Silva Soares,[195] a utilização generalizada dos critérios do direito interno no âmbito do direito ambiental possa conduzir a situações complexas, dadas as diferenças entre o sistema da *common law* e o sistema romano-germânico, bem como a posição liberal que os países da *common law* vêm adotando nas concessões de indenizações no âmbito de seus direitos internos.

Interessante, todavia, explicitar os critérios que estão sendo estudados pela doutrina nacional e que, em nosso entendimento, não apresentam, em sua maioria, impedimentos a sua utilização em uma demanda internacional, por levarem em conta parâmetros gerais, que podem ser adequados a cada situação concreta.

Marga Inge Barth Tessler,[196] em artigo acerca do valor do dano ambiental, cita métodos desenvolvidos por alguns autores para avaliação econômica de tal dano, por exemplo, os apresentados pela engenheira Maria Letícia de Souza Paraíso:[197] preço de mercado, diferencial de produtividade, e perda de ganhos.

Trata-se de métodos que, como explica Maria Letícia de Souza Paraíso, levam em conta a valoração direta do bem, quando há mercado para ele ou a valoração indireta, com base em mercados substitutos ou hipotéticos ou pesquisas de opinião.

---

194. Embora o princípio do poluidor pagador possa ser visto, por um lado, como mecanismo eficaz para inibir a atividade poluidora, por outro, é criticado por vários doutrinadores, já que a reparação do dano pelo poluidor não pode estabelecer uma autorização para poluir e tampouco minimizar a prevenção do dano. Confira-se o artigo de Albuquerque, Fabíola Santos. *A responsabilidade civil e o princípio do poluidor-pagador.* Disponível em: <https://jus2.uol.com.br/doutrina/texto.asp? id=1964>. Acesso em: 23 jan. 2009.

195. *Direito internacional do meio ambiente:* emergência, obrigações e responsabilidades, cit., p. 770.

196. Tessler, Marga Inge Barth. *O valor do dano ambiental.* Disponível em: <http://www.tjrs.gov.br/institu/c_estudos/doutrina/dano_ambiental_ufrgs_out_2004.pdf>. Acesso em: 21 ago. 2008.

197. Paraíso, Maria Letícia de Souza. Metodologia de avaliação econômica dos recursos naturais. *Revista de Direito Ambiental*, São Paulo, RT, ano 2, n. 6, abr./jun. 1997.

Marga Inge Tessler explica que o critério *preço de mercado* considera as mudanças ocorridas na qualidade e quantidade dos produtos em circulação e cita um exemplo prático de sua utilização: a valoração do dano causado pelo abate de animais exóticos tomando em conta o preço de mercado dos animais irregularmente abatidos.

No que concerne ao *diferencial de produtividade*, a mesma autora aduz que um acidente ecológico pode influenciar negativamente a produtividade de uma comunidade e cita como exemplo o derramamento de óleo pelo navio Bahamas no canal do porto de Rio Grande, atingindo a pesca artesanal e as operações portuárias, o que gerou prejuízos tanto para o porto quanto para os pescadores, que tiravam da pesca sua subsistência. Informa ainda a autora que se estimam prejuízos futuros para a comercialização de camarão rosa.

Ainda segundo esta autora, o critério *perda de ganhos* é utilizado no caso de o dano ambiental trazer consequências à saúde humana ou quando, em função da degradação do meio ambiente, ocorrer a perda de um negócio. Tratando-se de dano transfronteiriço, temos o exemplo do caso Poro contra *Houillères du Bassin de Lorraine* (citado no item 2.2),[198] resolvido pelo Tribunal de Apelação de Saarbrücken, na República Federal Alemã.

Como já exposto, o Sr. Poro era proprietário de um restaurante e de casas para temporada na região do Sarre, próxima à fronteira com a França, e teve sua propriedade e, consequentemente, seus negócios afetados pela poluição despendida pela empresa pública francesa Houillères du Bassin de Lorraine, obtendo decisão favorável em ação de indenização.

São também citadas no artigo de Marga Tessler as técnicas do mercado de recorrência, que se utilizam de parâmetros de mercados relacionados, como o mercado imobiliário (considerando-se a variação do preço dos imóveis em regiões mais ou menos poluídas) e o mercado de turismo, e as chamadas técnicas de mercados hipotéticos.

As técnicas de mercados hipotéticos tomam por base, como o próprio nome diz, um mercado hipotético, e, embora não sejam precisas, justamente por se fundamentarem em uma hipótese, também contribuem para a complexa questão da valoração do dano ambiental.

Como define Marga Inge Barth Tessler,[199] "Trata-se de criar um mercado hipotético, via pesquisas por questionários, em que os respondentes, ou pesquisados, atribuem valores, ou quanto estariam dispostos a pagar por determinado recurso natural...".

Para avaliação dos danos, a técnica utiliza critérios como o valor da propriedade, custo-viagem e diferencial de salário.

---

198. Soares, Guido Fernando Silva. *Direito internacional do meio ambiente:* emergência, obrigações e responsabilidades, cit., p. 690.

199. *O valor do dano ambiental*, p. 11.

No critério *valor da propriedade*, considera-se que o valor de um imóvel depende de uma gama de fatores, entre eles, a qualidade ambiental,[200] o que, de certa forma, aproxima esse critério da técnica de mercados referenciados, supracitada.

Quanto ao *custo-viagem*, toma-se em conta o valor gasto pelas pessoas para visitação de determinados locais, o que está diretamente ligado ao valor que os indivíduos conferem a um bem natural. Tal critério leva também em conta o tempo gasto e o custo pelo transporte para chegar a determinado local.[201]

No que toca ao critério *diferencial de salário*, baseia-se nas relações entre a demanda e a oferta de trabalho, partindo-se do pressuposto de que nas regiões poluídas ou que apresentam risco será maior o salário oferecido.[202]

Há ainda as técnicas baseadas em custos evitados ou benefícios perdidos.

Cite-se como exemplo a realização de uma obra que causará impacto ambiental. É possível avaliar os benefícios perdidos com a realização da obra e os custos que seriam evitados caso não houvesse degradação do meio ambiente, inserindo-se, entre tais custos, a quantia gasta com a recuperação da área.

Entre os critérios utilizados por essa técnica, destacamos como de especial importância para o direito internacional aqueles relativos aos gastos preventivos e custos de reposição.

Consideramos tais critérios de especial importância no âmbito internacional por se tratar de critérios genéricos, que podem ser aplicados independentemente das especializações existentes no direito interno de cada país, e por levarem em conta o princípio da precaução, expresso na Declaração do Rio de Janeiro sobre Meio Ambiente e Desenvolvimento.[203] Vejamos:

Consideram-se gastos preventivos as despesas necessárias para diminuição e abrandamento do impacto ambiental. Custos de reposição, por sua vez, são as despesas necessárias à recuperação do bem ambiental.

Como se nota, o critério considera, em primeiro lugar, o custo com medidas que visam diminuir o impacto ambiental (que sempre existirá) e evitar maiores danos, o que se coaduna com o princípio da precaução, que, segundo Marcos Destefenni,[204] antecede ao princípio da prevenção, tendo por objetivo evitar o dano ambiental e "afastar os riscos para o meio ambiente".

200. Idem, ibidem, p. 12.
201. Idem, ibidem, p. 12.
202. Idem, ibidem, p. 12.
203. "Princípio 15. Para que o meio ambiente seja protegido, serão aplicadas pelos Estados, de acordo com as suas capacidades, medidas preventivas. Onde existam ameaças de riscos sérios e irreversíveis não será utilizada a falta de certeza científica total como razão para o adiamento de medidas eficazes em termos de custo para evitar a degradação ambiental."
204. Op. cit., p. 140.

Em um segundo momento, o critério toma em conta os custos para recuperação do meio ambiente lesado, estando diretamente relacionado ao princípio do poluidor pagador, também expresso na Declaração Rio 92.

Conclui-se, por fim, desse breve resumo sobre os critérios e métodos mais utilizados pelo direito interno para avaliação do dano ambiental, que não existe critério totalmente objetivo, e que a avaliação do dano ambiental, especialmente em se tratando de bens como o ar e a biodiversidade, é tarefa árdua e complexa, razão pela qual entendemos que diferentes critérios podem ser combinados para se chegar a um montante que indique com razoabilidade o justo valor da indenização por um dano ao meio ambiente.

4.5 SATISFAÇÃO

A terceira forma de reparação constante do projeto da CDI sobre responsabilidade internacional está prevista no art. 37 do Draft nos seguintes termos, em tradução livre:[205]

> **Artigo 37.** Satisfação
> 1. O Estado responsável por um ilícito internacional está sob a obrigação de dar satisfação pela ofensa causada na medida em que ela não possa ser realizada eficazmente pela restituição ou compensação.
> 2. Satisfação pode consistir em um reconhecimento da infração, uma expressão de pesar, um pedido de desculpas formal ou outra modalidade apropriada.
> 3. A satisfação não deve ser desproporcional à ofensa e não deve tomar a forma de humilhação para o Estado responsável.

A utilização dessa forma de reparação está relacionada ao princípio da reparação integral na medida em que o item 1 do art. 37 enfatiza que tal instituto deve ser acionado quando a ofensa não é bem reparada por meio das formas anteriores.[206]

A satisfação é a forma de reparação utilizada em caso de ofensas sem valor financeiro, seja para a reparação a danos morais como insultos a símbolos do Estado, seja em razão da violação de obrigação internacional.

As formas de satisfação previstas no inciso 2 do art. 37 do Draft são exemplificativas, pois, como consta do próprio texto, a satisfação pode ocorrer por meio de outro ato apropriado à reparação do dano causado.

---

205. *"Article 37: Satisfaction. 1. The State responsible for an internationally wrongful act is under an obligation to give satisfaction for the injury caused by that act insofar as it cannot be made good by restitution or compensation. 2. Satisfaction may consist in an acknowledgement of the breach, an expression of regret, a formal apology or another appropriate modality. 3. Satisfaction shall not be out of proportion to the injury and may not take a form humiliating to the responsible State."*

206. *Draft Articles on Responsibility of States for Internationally Wrongful Acts, with Commentaries*, p. 106.

Verifica-se do inciso 3 do art. 37 que um dos limites à satisfação é que ela não deve ser desproporcional à ofensa e tampouco humilhante ao Estado infrator. Então, novamente se percebe o princípio da proporcionalidade no campo da responsabilidade internacional do Estado.

Da leitura dos comentários ao Draft da CDI,[207] observa-se que o princípio da igualdade entre os Estados impôs a exigência de limitar as medidas que podem ser buscadas por meio desse instituto. Ainda, segundo consta do Draft, não se pretendeu dar à satisfação qualquer caráter punitivo.

Entretanto, ainda que a intenção da CDI fosse não dar à satisfação um caráter punitivo, a doutrina reconhece na satisfação um caráter aflitivo que diferencia esse remédio da compensação e da restituição, cuja intenção primordial é o retorno à situação existente antes do dano.

É importante frisar também que existe uma tendência do direito internacional contemporâneo de ampliar o conceito desse remédio para incluir um conjunto de medidas que abrangeria, além do reconhecimento da infração, a garantia de não a repetir.

É nesse sentido a opinião de André de Carvalho Ramos:[208]

> A doutrina contemporânea amplia tal conceito, entendendo ser a satisfação um conjunto de medidas de declaração da infração cometida e de garantias de não repetição. Para Graefrath, a satisfação atua como forma de reparação válida para todo e qualquer tipo de violação de obrigação internacional.
>
> De acordo com os estudos da Comissão de Direito Internacional, a satisfação é considerada como um conjunto de medidas, aferidas historicamente, capazes de fornecer fórmulas extremamente flexíveis de reparação a serem escolhidas, em face dos casos concretos, pelo juiz internacional.
>
> Então, a satisfação não é definida somente pelas formas de dano que visa reparar, mas também pelas formas tradicionais que assume.
>
> Para Annacker, tal situação decorreu da dificuldade na mensuração do dano imaterial, dano para o qual em geral utilizava-se a satisfação. Consolidadas as formas de satisfação, esta passou a ser utilizada como forma autônoma de reparação.
>
> A satisfação no Direito Internacional, como modo de reparação, pode ser encontrada no passado sob diferentes formas: pedido de desculpas, admissão de responsabilidade internacional do Estado, declaração de tribunal da ilegalidade da conduta estatal (vide caso do Estreito de Corfu e recentemente o caso Rainbow Warrior), garantia de não repetição ou o pagamento de uma soma simbólica pela conduta.
>
> Com isso, consideramos que a satisfação perdeu seu conceito original de mera forma de reparação de danos imateriais para ter, atualmente, um conteúdo flexível apto a

207. *Draft Articles on Responsibility of States for Internationally Wrongful Acts, with Commentaries*, p. 107: "*Excessive demands made under the guise of 'satisfaction' in the past suggest the need to impose some limit on the measures that can be sought by way of satisfaction to prevent abuses, inconsistent with the principle of equality of States. In particular, satisfaction is not intendend to be punitive in character, nor does it include punitive damages*".
208. Op. cit., p. 270-272.

ser utilizado pelo juiz internacional de acordo com o caso concreto para possibilitar a efetiva reparação do dano causado.[209]

Em termos de direito ambiental, a satisfação mostra importância política em conjunto com a opinião pública manifestada quando um Estado reconhece que cometeu uma infração.[210]

Jurisprudência internacional:

"Corte Internacional de Justiça. Caso do Estreito de Corfu. (Reino Unido da Grã-Bretanha e Irlanda do Norte *vs.* Albânia). 09 de abril de 1949. Mérito. Responsabilidade internacional pela explosão de minas em águas territoriais. Conivência com outro Estado; evidência — Colocação das minas por pessoas desconhecidas. — Conhecimento da implantação das minas pelo Estado parte no processo: controle territorial como fundamento da responsabilidade; sua influência na escolha dos meios de prova, evidências indiretas. Inferências concordantes. — Violação da obrigação resultante do conhecimento da existência das minas, fundamentando a responsabilidade. — Jurisdição da Corte para fixar o montante da compensação; interpretação de Acordo especial, atitude subsequente das partes.

Direito de passagem de navios de guerra em tempo de paz através do estreito que conecta duas zonas de alto mar - Costume Internacional - Estreito em que o direito de passagem existe. Canal do Norte de Corfu. Passagem inocente; proposta de passagem e meio de execução. Produção de documentos requeridos pela corte; recusa em produzi-los. Art. 49 do Estatuto da Corte e Art. 54 do Regulamento. Limpeza das minas colocadas em águas territoriais contrariamente ao desejo do Estado territorial, justificativa derivada da teoria da intervenção e noção de 'self-help'. Violação da soberania territorial; satisfação em forma de declaração da Corte de violação de direito".[211]

---

209. O autor cita, para esta definição, relatório da Comissão de Direito Internacional: "Satisfaction is not defined only on te basis of the type of injury with regard to which it operates as an specific remedy, it is also identified by the typical forms its assumes" (Report of the Commission to the General Assembly - State Responsibility, parágrafo 9º, p. 85). Ramos, André de Carvalho. Op. cit., p. 271.

210. Sobre a importância política do instituto, anote-se a opinião de Guido Soares, na já citada obra *Direito internacional do meio ambiente*: emergência, obrigações e responsabilidades, cit., p. 774-775: "No fundo, a publicidade de comportamentos exigidos de um infrator de uma norma internacional, como um dos elementos inerentes à satisfação, deve ser levada em consideração, mesmo que aparentemente o pagamento de uma quantia simbólica ou desproporcionada em relação ao volume dos danos possa parecer ineficaz como reparação a estes. A questão da reparação do dano ambiental, pela atualidade do assunto, no sistema da responsabilidade internacional subjetiva do Estado, deve levar em consideração a igual atualidade da força convincente dos movimentos da opinião pública nacional e sobretudo internacional, particularmente quando arregimentadas por organizações privadas globais".

211. Tradução livre. Disponível em: <http://icj-cij.org/docket/files/1/1645.pdf>. Acesso em: 17 set. 2009.

4.6 RESPONSABILIDADE OBJETIVA

Ao contrário do sistema da responsabilidade subjetiva, tratado anteriormente, a responsabilidade objetiva não decorre da prática de um ato ilícito. Ela surge de danos ocasionados pela prática de atos lícitos, ou, na denominação da CDI, não proibidos pelo direito internacional.

Porém, como aduz Robert Q. Quentin-Baxter, autor do segundo relatório da CDI sobre responsabilidade do Estado por atos não proibidos pelo direito internacional, os regimes da responsabilidade por ato ilícito e por atos não proibidos pelo direito internacional não são mutuamente excludentes, o que vale dizer que a preclusão da ilicitude do ato não afasta a possibilidade de que seja impingida ao Estado a obrigação de reparar o dano causado pelo ato através do sistema da responsabilidade objetiva. De igual maneira, as obrigações que surgem independentemente da prática de um ato ilícito em decorrência da adoção do sistema da responsabilidade objetiva não serão suprimidas por eventual ocorrência de um ato ilícito.[212]

Ainda segundo o relator, o regime da responsabilidade por risco, em vez de concorrer com o regime geral da responsabilidade por atos ilícitos, deve ter um papel de auxílio e suporte em situações nas quais as regras concernentes à ilicitude estão em curso de formação ou dependem de exames complexos que dificultam sua aplicação no caso concreto.[213]

O regime da responsabilidade por risco é sempre produto de convenções e, portanto, constitui-se de normas escritas, relativas a matérias específicas, por exemplo, danos nucleares, poluição marinha ou danos causados por objetos espaciais.

A Comissão de Direito Internacional da ONU, no entanto, busca uma codificação das regras que, conforme consta do relatório de Quentin-Baxter,[214] visam ter um enfoque genérico, já que o vasto tema da responsabilidade internacional do Estado não se coaduna com a produção rápida de normas que acobertem a mais variada gama de situações fáticas – isso, de qualquer modo, não se mostraria útil, pois, como

212. Quentin-Baxter, Robert Q. *Second report on international liability for injurious consequences arising out of acts not prohibited by international law*: document A/CN.4/346 and ADD.1 and 2. Yearbook of the International Law Commission, 1981, v. I. Disponível em: <http://untreaty.un.org/ilc/publications/yearbooks/1981.htm>. Acesso em: 25 ago. 2008, p. 105.

213. Quentin-Baxter, Robert Q. *Second report on international liability for injurious consequences arising out of acts not prohibited by international law*, p. 105-106: "*On the contrary, it seems possible that the regime now under consideration may have an auxiliary and supportive role in those situations in which rules as to wrongfulness are either in course of formation, or embody such complex tests that their application in disputed cases is not easily determined*".

214. Quentin-Baxter, Robert Q. *Second report on international liability for injurious consequences arising out of acts not prohibited by international law*, p. 105.

já afirmado, a responsabilidade objetiva por atividades não proibidas é prevista em tratados específicos e relativos a determinados temas.[215]

Da leitura do relatório de Robert Q. Quentin-Baxter, verifica-se que foi dada ênfase à obrigação primária de prevenção, a qual seria, juntamente com a reparação, parte de uma mesma escala "onde a prioridade dada à prevenção é balanceada pela necessidade de salvaguardas em níveis que possam ser sustentados por uma atividade benéfica".[216]

A CDI, em sua 53ª sessão, em 2001, adotou o Draft relativo à prevenção de danos transfronteiriços decorrentes de atividades perigosas. Em linhas gerais, o Draft tem por base o conceito de prevenção e minimização de danos decorrentes dessas atividades.

Por sua vez, o princípio da prevenção, que permeia todos os artigos do Draft, está previsto na Declaração do Rio de Janeiro sobre Meio Ambiente e Desenvolvimento e em diversos tratados multilaterais e bilaterais relativos ao meio ambiente.

Conforme consta do art. 3º do Draft, o Estado de origem, assim entendido o Estado em cujo território ou sob cuja jurisdição e controle é exercida a atividade, deve tomar todas as medidas apropriadas à prevenção e minimização de danos significativos.[217]

---

215. É válido consignar neste momento a opinião de Guido Fernando Silva Soares acerca da função da obra da CDI no que toca à responsabilidade por risco em comparação aos trabalhos relativos à responsabilidade por atos ilícitos: "Interessante consignar o posicionamento da CDI no que se refere ao tema da responsabilidade por risco. Relembre-se de que suas funções estatutárias são de propugnar por uma codificação (dando-se a este termo uma conotação diferente daquela existente nos direitos internos, sobretudo da família romano-germânica) e por um desenvolvimento progressivo do Direito Internacional, funções essas que devem ser consideradas com alguma reserva, pois poderiam ser contraditórias, uma vez que a doutrina não tem o mesmo poder jurígeno que os Estados (portanto, aquelas funções devem ser confrontadas com o papel relativo da doutrina, em que devem estar os trabalhos da CDI, entre as outras fontes do Direito Internacional). No caso da responsabilidade subjetiva, sua contribuição tem sido da maior relevância, quando mais não fora, no sentido de colocar ordem na situação caótica das normas, na maioria, de origem costumeira e jurisprudencial. Já essa função sistematizadora inexiste nos trabalhos sobre a responsabilidade por risco, dado o fato de que neste sistema as normas são de origem convencional, portanto *jus scriptum*, onde a doutrina tem muito mais a ver com sua interpretação e com sua crítica, no sentido de um desenvolvimento progressivo no futuro. No primeiro caso, a CDI faz obra assimilável a uma compilação justinianeia, indicando ao principal legislador do Direito Internacional, os Estados, as fórmulas de eventuais futuros tratados ou convenções internacionais de caráter geral (os quais deverão, inclusive, respeitar as regras costumeiras e jurisprudenciais anteriores); no segundo, sua atividade pode ser comparada ao trabalho da doutrina nos sistemas da família romano-germânica, de esclarecer um campo já legislado e aportar os elementos críticos a seu aperfeiçoamento, àqueles que têm o poder de legislar ou de aplicar as normas existentes (mas, na eventualidade de elaborar projetos de tratados ou convenções, sem pretender substituir as normas do *jus scriptum vigentes*)". *Direito internacional do meio ambiente*: emergência, obrigações e responsabilidades, cit., p. 781.

216. Quentin-Baxter, Robert Q. *Second report on international liability for injurious consequences arising out of acts not prohibited by international law*, p.112, tradução livre: "*Prevention and reparation are part of single scale, in which the priority accorded to prevention is tempered by the need to maintain safeguards at levels which a beneficial activity can sustain*".

217. ONU. *Draft Articles on Prevention of Transboundary Harm from Hazardous Activities, with Commentaries*, 2001. Disponível em: <http://www.un.org/law/ilc/texts/instruments/english/commentaries/9_7_2001.pdf>. Acesso em: 23 ago. 2008.

O dever de diligência expresso nesse artigo é manifestado pela tomada de medidas unilaterais para prevenir danos transfronteiriços, como implementação de regulação legislativa e administrativa e mecanismos internos de coação.[218]

Referido dever de diligência é relativizado conforme o grau de desenvolvimento do Estado, ou seja, não será exigido de um Estado não desenvolvido que seus mecanismos de prevenção alcancem a mesma eficácia dos mecanismos utilizados por um Estado desenvolvido, porém, "Mesmo neste último caso, vigilância, emprego de infraestrutura e monitoramento das atividades perigosas no território do Estado, o que é um atributo natural do governo, são esperados".[219]

A relativização do dever de vigilância se coaduna com o princípio 7 da Declaração do Rio de Janeiro sobre Meio Ambiente e Desenvolvimento, segundo o qual, em vista dos diferentes contributos para a degradação ambiental global, os Estados têm responsabilidades comuns, mas diferenciadas.[220] Consonante também com o princípio 15 da Declaração do Rio, o qual dispõe: "Para que o ambiente seja protegido, serão aplicadas pelos Estados, de acordo com suas capacidades, medidas preventivas...".

Da leitura dos dispositivos supratranscritos verificamos que, no que concerne à prevenção ambiental, as exigências feitas aos Estados dependem do grau de evolução econômica e social em que se encontram e, dessa forma, conclui-se que o princípio da prevenção, previsto no Draft da CDI e na Declaração do Rio sobre Meio Ambiente e Desenvolvimento, foi estabelecido com base em um princípio maior, o da igualdade entre os Estados, pelo qual eles devem ser considerados na medida de suas desigualdades.

Ressalte-se, entretanto, que a aplicação do princípio da igualdade e a estipulação de responsabilidades diferenciadas não eximem os Estados de preservarem o meio ambiente, e encontram limites justamente na obrigação de preservar. É que, como já mencionado, o direito ao meio ambiente é considerado um direito de solidariedade, havendo, para os Estados, o dever de preservar o meio ambiente para as futuras gerações.

Importante aqui frisar que não restaram elencadas no Draft quais as atividades que envolvem riscos de causar danos transfronteiriços, limitando-se o art. 1º a

---

"*Article 3: The State of origin shal take all appropriate measures to prevent significant transboundary harm or at any event to minimize the risk thereof.*"

218. *Draft Articles on Prevention of Transboundary Harm form Hazardous Activities, with Commentaries*, p. 154.

219. *Draft Articles on Prevention of Transboundary Harm form Hazardous Activities, with Commentaries*, p. 155, tradução livre: "*Even in the latter case, vigilance, employment of infrastructure and monitoring of hazardous activities in the territory of the State, which is a natural attribute of any Government, are expected*".

220. "Princípio 7. Os Estados cooperarão em espírito de parceria global para conservar, proteger e recuperar a saúde e a integridade do ecossistema da Terra. Tendo em conta os diferentes contributos para a degradação ambiental global, os Estados têm responsabilidades comuns mas diferenciadas. Os países desenvolvidos reconhecem a responsabilidade que lhes cabe na procura do desenvolvimento sustentável a nível internacional considerando as pressões exercidas pelas sociedades sobre o ambiente global e as tecnologias e os recursos financeiros de que dispõem."

afirmar que os artigos do Draft aplicam-se "às atividades não proibidas pelo Direito Internacional que envolvam riscos de causar danos transfronteiriços significantes por meio de suas consequências físicas".[221]

Em seus comentários, a Comissão informa que, no decorrer dos trabalhos de sistematização dos artigos, houve sugestões no sentido de especificar uma lista de atividades em um anexo, com opções para inclusão e retirada de atividades da lista caso, no futuro, com o avanço científico e da tecnologia, determinada atividade deixasse de oferecer risco, ao passo que novas atividades perigosas surgiriam.

Mas a Comissão concluiu que a referida lista não era essencial e poderia logo se tornar desatualizada em vista da evolução tecnológica. Acrescentou ainda que certas atividades ultraperigosas, por exemplo, as atividades nucleares, já são objeto de regulamentação específica, e o risco advindo delas depende de um contexto específico relativo à maneira como são executadas, situações que não seriam contempladas em uma lista genérica.[222]

Sem prejuízo, concluiu a Comissão que "está sempre aberto aos Estados especificarem as atividades que tenham o escopo dos artigos, em tratados regionais ou bilaterais ou fazê-lo em suas legislações nacionais, regulando tais atividades e implementando obrigações de prevenção".[223]

No que toca ao conceito de dano significante, a Comissão reconheceu a ambiguidade do termo e a necessidade de que a determinação seja feita no caso concreto:

> O termo significante não é isento de ambiguidade e a determinação deve ser feita em cada caso específico. Ela envolve mais considerações fáticas que determinações legais. Deve ser entendido que significante é algo mais que "dectável" mas não necessita estar no nível do "sério" ou "substancial". O dano deve conduzir a um efeito que cause real prejuízo a bens como saúde humana, propriedade, meio ambiente ou agricultura em outros Estados.[224]

221. *Draft Articles on Prevention of Transboundary Harm from Hazardous Actvities, with Commentaries: "Article 1. Scope: The present articles apply to activities not prohibited by international law which involve a risk of causing significant transboundary harm through their physical consequences".*

222. *Draft Articles on Prevention of Transboundary Harm from Hazardous Actvities, with Commentaries*, p. 149-150.

223. *Draft Articles on Prevention of Transboundary Harm from Hazardous Actvities, with Commentaries*, p. 150, tradução livre: "*It may be further noted that it is always open to States to specify activities coming within the scope of the articles in any regional or bilateral agreements or to do so in their national legislation regulating such activities and implementing obligations of prevention*".

224. *Draft Articles on Prevention of Transboundary Harm from Hazardous Actvities, with Commentaries*, p. 152, tradução livre: "*The term 'significant' is not without ambiguity and a determination has to be made in each specific case. It involves more factual considerations than legal determination. It is to be understood that 'significant' is something more than 'detectable' but need not be at the level of 'serious' or 'substantial'. The harm must lead to a real detrimental effect on matters such as, for example, human health, industry, property, environment or agriculture in other States*".

Presente ainda no Draft, especificamente em seu art. 4º, o princípio da cooperação, o qual já havia sido reconhecido como essencial à efetiva proteção do meio ambiente na Declaração de Estocolmo (princípio 24) e na Declaração do Rio, no já citado princípio 7.

Nos termos do art. 4º, os Estados, se necessário, devem, com boa-fé, cooperar na prevenção e minimização dos riscos de dano transfronteiriço, buscando, se preciso, a assistência de organizações internacionais.

É importante registrar também a presença, no art. 8º do Draft, do dever de notificação e informação, segundo o qual o Estado de origem deve notificar os Estados que podem ser afetados pela atividade dos riscos advindos desta. O dever de informação do risco da atividade estende-se também ao público, conforme disposto no art. 13 do Draft,[225] e reflete o disposto nos princípios 10 e 19 da Declaração do Rio. Vejamos:

> **Princípio 10.** A melhor forma de tratar as questões ambientais é assegurar a participação de todos os cidadãos interessados ao nível conveniente. Ao nível nacional, cada pessoa terá acesso adequado às informações relativas ao ambiente detidas pelas autoridades, incluindo informações sobre produtos e atividades perigosas nas suas comunidades, e a oportunidade de participar em processos de tomada de decisão. Os Estados deverão facilitar e incentivar a sensibilização e participação do público, disponibilizando amplamente as informações. O acesso efetivo aos processos judiciais e administrativos, incluindo os de recuperação e de reparação, deve ser garantido.
>
> **Princípio 19.** Os Estados deverão notificar, prévia e antecipadamente, os Estados potencialmente afetados, e fornecer-lhes todas as informações pertinentes sobre as atividades que possam ter um efeito transfronteiriço adverso significativo sobre o ambiente, e deverão estabelecer consultas antecipadamente e de boa fé com esses Estados.

Registre-se, entretanto, que o dever de notificação e informação não implica o poder de veto do Estado potencialmente afetado, o que vale dizer que o "Estado de origem", usando a terminologia adotada pela CDI, independentemente da concordância do Estado ou dos Estados que poderiam potencialmente ser prejudicados, pode continuar com a atividade, sem prejuízo, entretanto, da adoção de medidas de prevenção que levem em conta os interesses dos Estados potencialmente afetados. Nem poderia chegar-se a outra conclusão, em vista do disposto no princípio 2 da Declaração do Rio, que estabelece o direito soberano dos Estados de explorarem seus recursos de acordo com suas políticas de ambiente, sendo, em contrapartida,

225. *"Article 13. Information to the public. States concerned shall, by such means as are appropriate, provide the public likely to be affected by an activity within the scope of the present articles with relevant information relating to that activity, the risk involved and the harm which might result and ascertain their views."*

responsáveis por assegurar que as atividades exercidas não causem danos ao meio ambiente de outros Estados ou de áreas além de sua jurisdição.

Dada a importância do princípio 2 para o tema da responsabilidade ambiental, passamos a seguir a transcrevê-lo:

> **Princípio 2.** Os Estados, de acordo com a Carta das Nações Unidas e com os princípios de Direito Internacional, têm o direito soberano de explorar os seus próprios recursos de acordo com as suas políticas de ambiente e desenvolvimento próprias, e a responsabilidade de assegurar que as atividades exercidas dentro da sua jurisdição ou controle não prejudiquem o ambiente de outros Estados ou de áreas para além dos limites da jurisdição nacional.

Por fim, o Draft da CDI estabeleceu em seu art. 19 um mecanismo de resolução de conflitos decorrentes de sua aplicação ou interpretação, a ser utilizado caso, no prazo de seis meses, as partes não acordem os meios a serem utilizados para resolução pacífica dos conflitos. Trata-se de uma regra residual a ser aplicada quando os Estados envolvidos não possuam um acordo para a resolução dos conflitos: as partes recorrerão a uma comissão imparcial estabelecida para tal resolução.

Dessas breves considerações sobre o Draft da CDI em conjunto com a Declaração do Rio de Janeiro, verifica-se que, no que toca às atividades lícitas e potencialmente perigosas ao meio ambiente, o dever primário é o de obediência ao princípio da prevenção, sendo esse o foco da grande maioria das convenções envolvendo o direito ambiental.

Entretanto, como dito, uma vez ocorrido o dano, nasce o dever de repará-lo, estando a responsabilidade por risco prevista em tratados específicos que estabelecem a responsabilidade do Estado mediante a simples verificação do nexo causal entre a atividade e o dano.

Entre os tratados específicos que estabelecem a responsabilidade por risco, citem-se como exemplo:

1. Os concernentes à responsabilidade por danos nucleares (de caráter regional europeu):

- Convenção sobre Responsabilidade Civil contra Terceiros no Campo da Energia Nuclear ou Convenção de Paris, adotada em 20/07/1960, e seus protocolos de 1964 e 1982;
- Convenção Suplementar à Convenção de Paris, de 1960, sobre Responsabilidade Civil contra Terceiros no Campo da Energia Nuclear e os protocolos de 1964 e 1982;
- Protocolo Conjunto para a Aplicação da Convenção de Viena e a Convenção de Paris, de 1988.

2. Os concernentes à responsabilidade por danos nucleares (de caráter universal):
   - Convenção de Viena sobre Responsabilidade Civil por Danos Nucleares, de 1963, e seus protocolos de 1963 e 1988;
   - Convenção relativa à Responsabilidade Civil no Campo do Transporte Marítimo de Material Nuclear, adotada em Bruxelas em 17/12/1972.
3. Os concernentes à responsabilidade por poluição marítima:
   - Convenção Internacional sobre Responsabilidade Civil por Danos Causados por Poluição por Óleo, adotada em Bruxelas em 29/11/1969, e seus protocolos de 1976 e 1984;
   - Convenção para o Estabelecimento de um Fundo Internacional para Compensações por Danos de Poluição por Óleo, adotada em Bruxelas em 1971, e seus protocolos de 1976 e 1984;
   - Convenção sobre Responsabilidade Civil por Dano Decorrente de Poluição por Óleo, Resultante de Exploração e Explotação de Recursos Minerais do Subsolo Marinho, adotada em Londres em 1977.
4. Os concernentes à responsabilidade por objetos espaciais:
   - Convenção sobre Responsabilidade Internacional por Danos Causados por Objetos Espaciais, de 22/02/1972.

4.6.1 Considerações acerca de convenções que estabelecem a responsabilidade objetiva do Estado

Não é objetivo deste trabalho o detalhado estudo individual dos tratados exemplificados no item anterior e tampouco esgotar todos os tratados em que foi estabelecida a responsabilidade objetiva.

Procuraremos, em vez disso, ressaltar pontos comuns e pontos de interesse para o tema concernente à responsabilidade objetiva do Estado no âmbito do direito internacional, especificamente no que se refere ao direito ambiental.

Passaremos, portanto, a analisar alguns aspectos de maior interesse presentes em alguns tratados e convenções, começando pela Convenção de Viena sobre Responsabilidade Civil por Danos Nucleares, a qual foi promulgada no Brasil pelo Decreto nº 911, de 03 de setembro de 1993.

Consta do art. I da referida Convenção a definição de diversos termos, entre eles o termo *operador*, assim entendido "a pessoa designada pelo Estado da instalação ou reconhecida como operador", compreendendo-se por Estado da instalação "a Parte Contratante em cujo território a instalação nuclear tem sede ou, caso não se situe em território de nenhum estado, a Parte Contratante que opere a instalação nuclear ou que tenha autorizado sua operação".

Foram também definidos, nas alíneas "k", "i", "ii" e "iii" do art. I, 1, da Convenção, *dano nuclear* como sendo:

> ... a perda de vidas humanas, as lesões corporais e os danos e prejuízos materiais produzidos como resultado direto ou indireto das propriedades radioativas ou de sua combinação com as propriedades tóxicas, explosivas ou outras propriedades perigosas dos combustíveis nucleares ou dos produtos ou dejetos radioativos que se encontrem numa instalação nuclear, ou dos materiais nucleares procedentes ou originários dela ou a ela enviados; os demais danos ou prejuízos causados ou produzidos desta maneira, se assim o dispuser a legislação do Estado competente; se assim não dispuser a legislação do Estado da Instalação, a perda de vidas humanas, as lesões corporais e os danos e prejuízos materiais que se produzem como resultado direto ou indireto de outras radiações ionizantes, que emanem de qualquer outra fonte de radiações situadas numa instalação nuclear. [e *acidente nuclear* (artigo I, 2 da Convenção) como] 'qualquer ocorrência ou sucessão de ocorrências da mesma origem que causem danos nucelares'.

Definidos o que é um dano nuclear e quem é operador da instalação, o art. II estabeleceu a responsabilidade deste por danos nucleares em diversas situações, as quais se encontram descritas nas alíneas "a" a "c" e evidenciam a responsabilidade objetiva na pessoa do operador.

Assim, entre outros, o operador é responsável pelos danos nucleares se ficar provado que foram causados por acidente nuclear:

> *a*) ocorrido em sua instalação nuclear;
>
> b) que envolva materiais nucleares ou procedentes ou originários de sua instalação nuclear, quando o acidente nuclear se der:
>
> i) antes que o operador de outra instalação nuclear tenha assumido, expressamente, por contrato escrito, a responsabilidade dos acidentes nucleares causados por estes materiais;
>
> ii) antes que o operador de outra instalação nuclear se tenha responsabilizado pelos materiais nucleares, no caso de a responsabilidade não ter sido expressamente assumida por contrato escrito;
>
> iii) antes que a pessoa devidamente autorizada a operar um reator nuclear utilizado como fonte de energia num meio de transporte, para a sua propulsão ou outros fins, se tenha responsabilizado pelos materiais nucleares, no caso de a responsabilidade não ter sido expressamente assumida por contrato escrito;
>
> iv) antes de os materiais nucleares terem sido descarregados do meio de transporte que os trouxe ao território de um Estado não Contratante, quando esses materiais tiverem sido enviados a pessoa que se encontre no território do mesmo Estado.

Porém, ainda que os dispositivos supratranscritos sejam suficientes para evidenciar a responsabilidade objetiva do operador, o art. IV, 1 da Convenção dispôs de forma expressa que "a responsabilidade do operador por danos nucleares, de conformidade com a presente Convenção, será objetiva".

O art. IV, § 3º, estabeleceu algumas causas excludentes da responsabilidade do operador, as quais estão relacionadas com o caso fortuito e com a força maior. Trata-se do acidente nuclear causado por conflito armado, guerra civil ou insurreição, ou, ainda, catástrofe natural excepcional.

No que toca à culpa da vítima, é causa de exoneração do operador da obrigação de indenizar, como se verifica do exame do § 2º do art. IV, que assim dispõe:

> ... se o operador provar que a pessoa que sofreu os danos nucleares os produziu ou para eles contribuiu por negligência grave ou por ação ou omissão dolosa, o tribunal competente poderá, se assim o dispuser sua própria legislação, exonerar total ou parcialmente o operador da obrigação de indenizar tal pessoa pelos danos sofridos.

Além da responsabilidade objetiva do operador, a Convenção estabeleceu em seu art. II, 3, "a", solidariedade entre os operadores nos seguintes termos: "quando a responsabilidade por danos nucleares recair sobre mais de um operador, os operadores envolvidos, quando não for possível determinar com certeza que parte dos danos deverá ser atribuída a cada um deles, serão conjunta e solidariamente responsáveis".

Por fim, merecem destaque também a obrigação do empregador de manter seguro ou garantia financeira que lhe cubra a responsabilidade por danos nucleares (art. VII, 1), e a responsabilidade subsidiária do Estado da instalação pelo pagamento das indenizações devidas, nos seguintes termos: "o Estado da Instalação garantirá o pagamento das indenizações por danos nucleares da responsabilidade do operador, fornecendo as somas necessárias, na medida em que o seguro ou a garantia financeira não seja suficiente para cobrir as indenizações" (art. VII, 1).

Anote-se que a responsabilidade do Estado pelo pagamento de indenizações é parte de um sistema de distribuição de obrigações em que o pagamento das indenizações cabe primeiro ao operador, seguido das seguradoras e, em um terceiro nível, o Estado, em caso de insuficiência da garantia financeira.

No que toca aos danos causados por poluição marítima, tomaremos para análise a Convenção Internacional sobre Responsabilidade Civil por Danos Causados por Poluição por Óleo, adotada em Bruxelas em 1969, e promulgada no Brasil pelo Decreto nº 79.437/1977.

A exemplo do que ocorre na Convenção de Viena, em que a responsabilidade foi centrada na pessoa do operador, a Convenção de Bruxelas de 1969, ou, como é geralmente conhecida, CLC 69 (*Civil Liability Convention*), canalizou a responsabilidade na pessoa do proprietário do navio, assim entendido, conforme seu art. I, 3,

> a pessoa ou pessoas registradas como proprietário do navio, ou em falta de matrícula, a pessoa ou pessoas que têm o navio por propriedade. Todavia, nos casos de um navio de propriedade de um Estado e operado por uma companhia que, nesse Estado, é registrada como operadora do navio, o termo 'proprietário' designa essa companhia.

Dessa forma, como consta do art. III, 1 da Convenção, o proprietário do navio no momento do incidente, ou, caso este consista em uma sucessão de fatos, no momento do primeiro incidente, é responsável "por qualquer dano por poluição causado por óleo que tenha sido derramado ou descarregado de seu navio como resultado do incidente".

Ainda, seguindo a mesma linha da Convenção de Viena sobre danos nucleares, são previstas causas de exclusão da responsabilidade relacionadas a força maior e caso fortuito, ter a poluição resultado de um ato de guerra, de hostilidade, de guerra civil, insurreição ou de um fenômeno natural de caráter excepcional, inevitável e irresistível.

Previsto também como causa de exclusão da responsabilidade o fato de o dano ter resultado totalmente de ação ou omissão de terceiro, com intenção de produzir danos, ou "de negligência ou de ato prejudicial de um Governo ou de outra autoridade responsável pela manutenção de faróis ou de outros auxílios à navegação, no exercício dessa função".

A culpa da vítima também está prevista na Convenção de Bruxelas na forma de desobrigação total ou parcial do proprietário de sua responsabilidade se demonstrado que o dano por poluição deriva total ou parcialmente de uma ação ou omissão com intenção de causar dano, ou de negligência da pessoa que sofreu o dano.

Assim como ocorre na Convenção de Viena, a CLC 69 estabeleceu a obrigação de que o proprietário de um navio registrado em um Estado contratante, que transporte mais de 2.000 toneladas de óleo a granel como carga, faça seguro ou outra garantia financeira com o objetivo de cobrir suas responsabilidades por danos causados por poluição, devendo ser emitido para cada navio um certificado que ateste que um seguro ou garantia é válido de acordo com as disposições da Convenção.

Por sua vez, o Estado, nos termos do § 10, inciso VII, do art. 7º, não deve permitir que um navio que arvore sua bandeira opere comercialmente sem possuir referido certificado.

Aliás, da leitura da Convenção nota-se que não foi estabelecida a responsabilidade subsidiária do Estado, cuja participação é limitada a deveres auxiliares, relacionados ao controle da atividade, como verificar que o navio sob sua bandeira possui certificado e assegurar que, de acordo com sua legislação nacional, o seguro ou outra garantia financeira "cubra qualquer navio seja qual for o seu local de registro, que entre ou saia de seus portos ou que chegue ou deixe terminal oceânico localizado em seu mar territorial, caso transporte efetivamente mais de 2000 toneladas de óleo a granel como carga".[226]

Ainda no que se refere à poluição do mar por óleo, importante mencionar a Convenção para o estabelecimento de um Fundo Internacional para Compensações por Danos de Poluição por Óleo, que, nas palavras de Guido Fernando Silva Soares,[227] "estabeleceu, pela primeira vez na história, um sistema de compensação em que um setor determinado da economia dos Estados, os importadores de petróleo, dividem os custos provenientes dos riscos inerentes ao transporte internacional de uma mercadoria determinada".

Referida Convenção, não ratificada pelo Brasil, tem por objetivo a criação de um fundo para pagamento de indenizações cujos valores excedam os limites estabelecidos na CLC 69. Os recursos desse fundo são constituídos por contribuições de pessoas que tenham recebido mais de 150.000 toneladas de óleo, sendo a contribuição proporcional à quantidade de óleo recebida.

Finalmente, passamos ao exame da Convenção sobre Responsabilidade Internacional por Danos Causados por Objetos Espaciais.

Ao contrário da Convenção de Viena sobre danos nucleares e da Convenção de Bruxelas sobre poluição por óleo, a convenção relativa aos danos causados por objetos espaciais direciona a responsabilidade diretamente ao Estado.

É o que se verifica do disposto em seu art. 2º, pelo qual "Um estado lançador será responsável absoluto pelo pagamento de indenização por danos causados por seus objetos espaciais na superfície da Terra ou aeronaves em vôo".

Sobre o significado do termo absoluto, constante do art. 2º, Guido Fernando Silva Soares[228] explica que:

> Deve entender-se o termo absoluto, num primeiro sentido, dentro do sistema da responsabilidade objetiva, como querendo significar a canalização da responsabilidade numa única figura, o Estado lançador, o qual pode agir de maneira individual, ou em situações de solidariedade (...) Igualmente, o termo absoluto, num segundo sentido, quereria dizer incondicional, quando se refere a montantes máximos de indenização (no sentido de "responsabilidade ilimitada"), tendo em vista que a Convenção não prevê causas de exonerações parciais, conducentes a influir no abatimento do valor das quantias a serem julgadas como devidas.

Importante observar que consta também da Convenção o regime concernente à responsabilidade subjetiva, como se verifica da leitura do art. 3º:

226. Convenção de Bruxelas de 1969, art. VII, inciso 11.
227. *Direito internacional do meio ambiente*: emergência, obrigações e responsabilidades, cit., p. 802.
228. Idem, p. 807.

> Na eventualidade de danos causados em local fora da superfície da Terra a um objeto espacial de um Estado lançador ou à pessoa ou à propriedade a bordo de tal objeto espacial por um objeto espacial de outro Estado lançador, só terá este último responsabilidade se o dano decorrer de culpa sua ou de culpa de pessoas pelas quais seja responsável.

O instituto da solidariedade está previsto no art. 4º e ocorre em casos em que um terceiro Estado ou pessoas físicas ou jurídicas sob sua jurisdição sofram danos decorrentes de um dano causado fora da superfície da Terra a um objeto espacial de um Estado lançador por um objeto espacial de outro Estado lançador.

Nesses casos, estipula o § 1º do art. 4º a responsabilidade objetiva se o dano for causado ao terceiro Estado na superfície da Terra e subjetiva se o dano for causado a um objeto espacial de um terceiro Estado ou a pessoas ou propriedades a bordo de tal objeto espacial que esteja fora da superfície da Terra.

Dispõe a alínea "b" do art. 4º que,

> ... se o dano houver sido causado a um objeto espacial de um terceiro Estado ou a pessoas ou propriedades a bordo de tal objeto espacial fora da superfície da Terra, a sua responsabilidade perante o terceiro Estado fundamentar-se-á em culpa por parte de qualquer dos dois primeiros Estados ou em culpa por parte de pessoas pelas quais qualquer dos dois seja responsável.

No que toca às excludentes de responsabilidade, o art. 6º da Convenção dispõe que ocorrerá se o Estado lançador demonstrar que o dano resultou total ou parcialmente de negligência grave ou de ato ou omissão com intenção de causar dano, de parte de um Estado demandante ou de pessoa jurídica ou física que representar.

Porém, ao contrário das demais convenções tratadas, não há previsão de exoneração de responsabilidade em caso de danos decorrentes de atos de guerra, hostilidade, insurreição ou fenômenos naturais excepcionais.

É importante registrar que a adoção do sistema de responsabilidade por culpa no âmbito da Convenção sobre Responsabilidade Internacional por Danos Causados por Objetos Espaciais tem repercussão no dever de indenizar, como se verifica do § 2º do art. 4º:

> Em todos os casos de responsabilidade solidária e individual mencionados no § 1º, o ônus da indenização pelo dano será dividido entre os primeiros dois Estados de acordo com o grau de sua culpa; se não for possível estabelecer o grau de culpa de cada um desses Estados, o ônus da indenização deve ser dividido em proporções iguais entre os dois. Tal divisão se fará sem prejuízo do direito que assiste ao terceiro Estado de procurar a indenização total devida nos termos desta Convenção de qualquer ou de todos os Estados lançadores que são, solidária e individualmente, responsáveis.

No que toca à indenização devida, não é estipulado qualquer teto, o que diferencia a presente Convenção das demais convenções tratadas, nas quais foi estabelecido um teto indenizatório em decorrência da responsabilidade do operador da instalação nuclear ou do proprietário do navio.

Assim dispõe o artigo 12 da Convenção:

> A indenização que o Estado lançador será obrigado a pagar nos termos desta Convenção será determinada pelo direito internacional e pelos princípios de justiça e eqüidade, a fim de proporcionar a compensação pelo dano de tal forma que a pessoa física ou jurídica, Estado ou organização internacional em cujo favor tenha sido apresentado o pedido de indenização seja restaurado na condição que teria existido, caso o dano não tivesse ocorrido.

Finalmente, é importante consignar que, além das convenções que estabelecem a responsabilidade objetiva tratadas neste trabalho (atividades nucleares, poluição marinha por óleo e objetos espaciais), encontram-se no aguardo de entrada em vigor diversas convenções multilaterais que também estabelecem a responsabilidade objetiva. São estas: Convenção sobre Responsabilidade dos Operadores de Navios Nucleares, de Bruxelas, de maio de 1962; Convenção sobre o Regime Jurídico das Atividades Relativas aos Recursos Minerais da Antártica, Wellington, 1988; Convenção sobre Responsabilidade e Reparação por Danos com Transporte de Substâncias Perigosas e Nocivas por Mar, Londres, 1996 (Convenção HNS); Protocolo da Basileia sobre Responsabilidade e Reparação por Danos Resultantes do Movimento Transfronteiriço de Resíduos Perigosos e seus Depósitos, Genebra, 2000.[229]

229. Soares, Guido Fernando Silva. *A proteção internacional do meio ambiente*, cit., p. 166.

CAPÍTULO 5

COMÉRCIO INTERNACIONAL E MEIO AMBIENTE

Considerando-se a busca dos diversos Estados pelo desenvolvimento, bem como o fato de serem finitos os recursos disponíveis na natureza, não é raro que as normas que regulamentam a proteção ao meio ambiente confrontem-se com aquelas que regem as relações comerciais internacionais.

Ao mesmo tempo, o comércio internacional tem sido, historicamente, um dos maiores fatores de desenvolvimento para a maioria das economias, contribuindo para a geração de empregos, aumento do bem-estar social e crescimento econômico, aspectos que estimulam a destinação de recursos para atividades e programas de proteção ambiental. O subdesenvolvimento, por sua vez, constitui séria ameaça ao meio ambiente, já que leva à excessiva exploração e consequente exaustão dos recursos naturais.[230]

Percebe-se, assim, que o comércio internacional é fator importante para o crescimento econômico e desenvolvimento dos Estados e, por consequência, para a preservação do meio ambiente, o que justifica a busca cada vez mais frequente dos Estados, no âmbito interno e na comunidade internacional, por instrumentos que regulamentem e compatibilizem a exploração dos recursos naturais, o crescimento econômico e a preservação ambiental.

Por sua vez, medidas de preservação ambiental causam impacto direto no fluxo comercial e representam, muitas vezes, restrições e barreiras comerciais. A título de exemplo, enumeram-se a seguir algumas medidas restritivas de cunho ambiental que representam restrição ao comércio:[231]

---

230. Corrêa, Leonilda Beatriz Campos Gonçalves. *Comércio e meio ambiente*: atuação diplomática brasileira em relação ao selo verde. Brasília: Instituto Rio Branco/Fundação Alexandre Gusmão/Centro de Estudos Estratégicos, 1998, p. 29.
231. Corrêa, Leonilda Beatriz Campos Gonçalves. Op. cit., p. 25-26.

1 – proibições ou restrições a importações, cuja finalidade é restringir exportações de países não participantes de acordos bilaterais, regionais ou multilaterais, forçando o cumprimento de padrões ambientais domésticos;
2 – proibições ou restrições a exportações, cujo objetivo é o controle da produção ou consumo de produtos específicos, como recursos naturais não renováveis, ou por conta de tratados bilaterais, regionais ou multilaterais, como os relativos a espécies em extinção ou substâncias perigosas que afetem a camada de ozônio;
3 – proibições ou restrições a venda, compra, circulação ou consumo doméstico;
4 – estipulação de quotas para uso de recursos, as quais são geralmente aplicadas na fase de produção, visando a redução da utilização de recursos naturais ou dos níveis de emissão, como é o caso de quotas para pesca, consumo de água e fontes não renováveis de energia;
5 – procedimentos de informação para consentimento prévio, que objetivam aumentar a transparência no comércio com a exigência de informações sobre o tratamento doméstico do produto com relação ao meio ambiente.

Não há dúvidas de que essas medidas transcritas afetam diretamente o comércio, e, na prática, representam, muitas vezes, restrições comerciais indevidas travestidas de cláusulas ambientais.

Em vista do exposto, resta a pergunta: é realmente possível compatibilizar comércio internacional e meio ambiente? Para respondê-la, faz-se necessária uma visão histórica acerca da regulamentação do comércio internacional.

Na atualidade, as regras atinentes ao comércio internacional são definidas pela Organização Mundial do Comércio (OMC), sucessora do antigo Acordo Geral sobre Tarifas e Comércio (Gatt) e que teve sua semente lançada por ocasião da Conferência de Bretton Woods, em 1944, quando, em um mundo sacrificado pelas guerras, estabeleceu-se a criação do Banco Mundial (Bird) e do Fundo Monetário Internacional (FMI), e reconheceu-se a necessidade de uma organização de comércio internacional para complementar as responsabilidades das organizações financeiras.[232]

Por ocasião da Conferência de Bretton Woods, as partes negociaram a criação do FMI, do Bird e da Organização Internacional do Comércio (OIC), a qual, por falta de adesões importantes, entre as quais a dos Estados Unidos, não chegou a existir.

Na falta da organização internacional do comércio, o Gatt, tratado multilateral concebido para reger provisoriamente as trocas internacionais de bens até a criação da organização, passou a ser o principal instrumento de regulamentação do comércio internacional.

232. Jackson, John H. *Sovereignty, the WTO, and changing fundamentals of international law.* Cambridge: Cambridge University Press, 2006, p. 92.

Entretanto, esse acordo não acompanhou a evolução e a complexidade do comércio internacional, caracterizado pela globalização da produção e dos serviços e ampliação do caráter multinacional das empresas privadas.

Neste quadro, negociou-se a instalação de uma nova rodada do Gatt, para abranger a regulamentação dos setores não cobertos por ele. A Rodada Uruguai, em 1986, revolucionou as normas do comércio internacional, incluindo a negociação sobre serviços e patentes, matérias de interesse dos países industrializados, e culminou na criação da OMC em 1995.

Desde a sua criação, a OMC se tem mostrado eficaz na regulamentação do comércio internacional. Parte dessa eficácia deve-se à constituição de um Órgão de Solução de Controvérsias.

O mecanismo de solução de controvérsias adotado por esse órgão é regulamentado pelo Entendimento sobre Solução de Controvérsias (ESC), acordo multilateral firmado em Marrakesh, ao final da Rodada Uruguai, que entrou em vigor no início de 1995.

Em comparação ao antigo Gatt, o mecanismo de solução de controvérsias adotado pela OMC significou um aumento da jurisdicidade para a solução de conflitos, anteriormente resolvidos por instituições políticas.[233]

Conscientes de que esse aparato jurídico é essencial à segurança e previsibilidade do sistema multilateral do comércio, os países-membros comprometem-se a não adotar medidas unilaterais em caso de violação das regras, e tal compromisso é a base da estrutura político-jurídica que dá eficácia à OMC.[234] Ainda, entre as regras incorporadas pela OMC já existentes no antigo Gatt, está o princípio que estabelece a mais total liberdade de comércio e a proibição de discriminação entre os Estados, princípio que se materializa na chamada *cláusula da nação mais favorecida.*

Por meio dessa cláusula, benefícios que determinados países gozam ante outros devem ser estendidos a todos os membros da OMC.

Considerando-se o princípio que estipula a mais ampla liberdade de comércio e a cláusula da nação mais favorecida, mostra-se evidente o choque que a mais ampla liberdade comercial pode trazer ao meio ambiente. Métodos de pesca em desacordo com padrões ambientais de proteção às espécies e pesca em épocas de reprodução são exemplos de fatos diretamente relacionados tanto ao comércio internacional quanto ao meio ambiente.

Por outro lado, como já mencionado, sob o pretexto de proteção ao meio ambiente, os Estados, algumas vezes, utilizam-se de restrições supostamente

233. Jorge Fontoura. *A iminência jurídica da OMC. Revista de Informação legislativa.* Brasília a. 38 n. 153, jan./mar./2002. Disponível em <http://www.senado.gov.br/web/cegraf/ril/Pdf/pdf_153/R153-04.pdf>. Acesso em: 11/11/2009.
234. Idem.

"ambientais" que, na verdade, podem mascarar discriminação entre os Estados em ofensa à cláusula da nação mais favorecida, ou, ainda, significar a proteção ao mercado nacional por meio de maior taxação do produto importado.

Assim, não é incomum que os impasses relativos à imposição das barreiras ambientais gerem demandas junto ao Órgão de Solução de Controvérsias da Organização Mundial do Comércio, que acaba, não raras vezes, decidindo questões de cunho ambiental face ao impacto causado por estas no comércio internacional.

Como exemplo de casos relacionados à compatibilidade entre a ampla liberdade de comércio internacional e a proteção ao meio ambiente, Guido Fernando Silva Soares[235] cita duas contendas envolvendo os Estados Unidos: o caso da proibição da gasolina importada, por esta não corresponder aos padrões ambientais norte-americanos (Brasil e Venezuela contra Estados Unidos), e o caso protagonizado por Estados Unidos, México e Espanha da pesca do atum com redes de arrastão.

Nesse último caso, o método de pesca do atum foi considerado, pelas leis norte-americanas, desrespeitoso à vida dos golfinhos, que, nadando junto aos cardumes de atum, necessitavam vir à tona para respirar e acabavam sufocados pelas redes. Por conta disso, os Estados Unidos passaram a discriminar em seu comércio interno mercadorias provenientes de Estados que praticavam a pesca de arrastão.

No que toca ao Brasil, tome-se, por exemplo, a recente contenda entre Brasil e União Europeia sobre a importação de pneus remoldados.[236]

Alegando questões ambientais, o Brasil proibiu a importação de pneus remoldados da União Europeia, a qual questionou tal decisão no âmbito da OMC, argumentando tratar-se de uma barreira não tarifária com objetivo de garantir o mercado para pneus recauchutados no Brasil.[237] Entre os argumentos da União Europeia estava o fato de o Brasil importar pneus remoldados no âmbito do Mercosul[238] e por força de liminares judiciais, que permitiam a importação de pneus usados por produtores nacionais para remanufaturá-los no Brasil, o que configuraria discriminação injustificada, não amparada pelo artigo XX do Gatt 94.[239]

Inicialmente, a Organização Mundial do Comércio aceitou os argumentos brasileiros, no sentido de que a proibição da importação dos pneus está fundamentada

235. A *proteção internacional do meio ambiente*, cit., p. 179.

236. Organização Mundial do Comércio. Brazil: measures affecting imports or retreaded tyres. *Report of the Appellate Body*. AB – 2007-4. WT/DS332/AB/R, 03/12/2007. Disponível em: <http://www.wto.org>. Acesso em: 12 jan. 2009.

237. *Brasil limita importação de pneus do Mercosul para atender OMC*, 20/09/2007. Ambiente em foco. Disponível em: <http://www.ambienteemfoco.com.br/?p=5907>. Acesso em: 12 jan. 2009.

238. A importação dá-se por força de decisão arbitral em disputa entre Brasil e Uruguai, em que esse último saiu vitorioso, sendo o Brasil obrigado a aceitar a importação de pneus remoldados provenientes do Uruguai.

239. O art. XX do Gatt 94 prevê exceções ao princípio da livre circulação de bens da OMC. Na alínea "b", é prevista exceção baseada na necessidade de proteção da vida humana, animal ou vegetal, ou da saúde.

na proteção ao meio ambiente e à saúde pública, já que os pneus usados procedentes da União Europeia, além de gerarem resíduos que prejudicam o meio ambiente, devido ao tempo de degradação do material e sua pequena vida útil, afetam a saúde da população, pois são focos de criação de insetos, como o mosquito da dengue. O Órgão de Solução de Controvérsias acatou também a *exceção Mercosul*, sob o fundamento de que somente haveria discriminação injustificada se o volume de importação de pneus no âmbito do Mercosul e por força das decisões liminares fosse significativo a ponto de contrariar o propósito da proibição impingida à União Europeia. Analisando quantitativamente o volume das importações, o Órgão de Solução de Controvérsias concluiu que as importações no âmbito do Mercosul não eram significativas.

Não conformada com a decisão de 1ª instância, a União Europeia recorreu ao órgão de apelação da OMC, o qual, apesar de manter a decisão original no que toca à legitimidade da proibição, considerou que a exceção Mercosul constitui discriminação arbitrária e injustificável sob a égide do art. XX, não apenas quando as importações no âmbito regional atingissem volumes significativos, e considerou a continuidade das importações inconsistente com as obrigações relativas ao Gatt 94.[240]

O exemplo brasileiro é emblemático, pois demonstra a tentativa da OMC de conciliar as regras de comércio internacional e a proteção ao meio ambiente e nos remete à pergunta anteriormente formulada: é possível esta conciliação?

A nosso ver, a harmonização é uma meta a ser atingida, e, embora por vezes seja possível, nem sempre se afigura satisfatória.

Como vimos, a Organização Mundial do Comércio, cujas sementes foram lançadas em Bretton Woods, historicamente é uma organização voltada ao comércio, e seus princípios sempre prevalecerão.

No caso dos pneus, embora aceita como legítima a exceção ambiental, prevaleceu, na decisão da OMC, o princípio comercial da não discriminação. Para cumprimento da decisão, o Brasil deve não discriminar, o que significa liberar a importação para todos ou proibi-la para todos. E se, para dar cumprimento à decisão da OMC, o Brasil optar por liberar a todos as importações do produto, a aceitação da exceção ambiental terá sido inócua e o meio ambiente sairá em desvantagem.

Ainda que conste do preâmbulo de seu tratado constitutivo (Acordo de Marrakesh, de 1994) que a Organização Mundial do Comércio atua em favor do desenvolvimento sustentável, e tenha sido instituído, em seu quadro, o Comitê de Comércio e Meio Ambiente, o qual deve atuar para que a OMC contribua para o desenvolvimento sustentável, conciliando proteção ambiental e desenvolvimento

240. Organização Mundial do Comércio, Brazil: measures affecting imports of retreated tyres.

econômico,[241] não se deve esquecer que se trata de uma organização voltada para o comércio e, sendo assim, as questões ambientais sempre serão tratadas tomando-se em conta o impacto que trazem ao comércio internacional.

Tal conclusão reafirma, a nosso ver, a necessidade de fortalecimento do instituto da responsabilidade para que questões atinentes ao meio ambiente possam ser tratadas como protagonistas e não apenas como exceções no âmbito de uma organização que, por conta de suas próprias finalidades e história, tem por prioridade a regulação do comércio, ainda que se reconheça como louvável e necessária a meta da OMC de harmonizá-lo com a proteção ambiental.

Jurisprudência internacional:

Caso da proibição da importação de camarões em defesa das tartarugas marinhas. Índia, Malásia, Paquistão e Tailândia *vs.* Estados Unidos.[242]

"Em 08 de outubro de 1996, Índia, Malásia, Paquistão e Tailândia formularam consultas acerca da proibição imposta pelos Estados Unidos à importação de camarões e seus derivados provenientes destes países. Em 09 de janeiro de 1997 foi requerido ao órgão de solução de controvérsias da OMC o estabelecimento de painel, o qual foi composto em 15 de abril de 1997.

A justificativa americana para a proibição era a não adequação dos métodos de pesca utilizados por estes países às diretivas constantes de seu ordenamento interno concernentes à pesca do camarão e proteção das tartarugas marinhas.

Em seu relatório o painel concluiu que, com a proibição, os Estados Unidos haviam violado o artigo XI.1 do GATT 94 e não poderia ser justificada pelo artigo XX do GATT 94."

---

241. Silva, Henry Iure de Paiva. Efeito das medidas ambientais no acesso a mercados: posição do Brasil na OMC. In: Congresso Internacional de Direito Ambiental, 11., 2007, São Paulo. *Meio ambiente e acesso à justiça:* flora, reserva legal e APP. São Paulo: Imprensa Oficial do Estado de São Paulo, 2007. v. 1, p. 313-328.
242. O caso completo está disponível em: http://www.wto.org/english/tratop_e/dispu_e/cases_e/ds58_3.htm.

CONCLUSÃO

Após o exame das características próprias dos sistemas da responsabilidade subjetiva e objetiva expostos no presente trabalho, podemos chegar às seguintes conclusões:

O direito ao meio ambiente está classificado entre os direitos humanos de terceira geração, merecendo atenção especial da comunidade internacional no que toca à sua preservação também para as futuras gerações.

Uma vez que as mudanças ambientais não influenciam tão somente o ecossistema local, modificando, não raras vezes, o próprio clima do planeta, questões ambientais tornaram-se, no decurso da história, de interesse global, não sendo mais atinentes apenas aos interesses particulares de determinado Estado, ainda que, "em tese", estejam adstritas a seu território.

Em vista do exposto, acrescido às características próprias da poluição (que pode espalhar-se para além das fronteiras do Estado poluente), e considerando o fato de, na atualidade, as cadeias de produção não se limitarem ao território de um só Estado, é cada vez mais comum a ocorrência de danos ao meio ambiente com efeitos transfronteiriços, cabendo a responsabilização do Estado causador do dano.

A tendência atual é a previsão da responsabilidade objetiva no que toca a danos causados por atividades lícitas, embora, no campo ambiental, ainda haja lugar para a responsabilidade subjetiva.

Tal tendência se justifica em função das características próprias do dano ambiental, quais sejam: possibilidade de se protrair no tempo ou causar efeitos que somente serão sentidos depois de um lapso temporal, e dificuldades no estabelecimento de um nexo causal entre o dano e seu causador – seja em função de o dano derivar de uma combinação de efeitos (poluição e características naturais de determinada localidade, por exemplo), ou por conta das grandes distâncias que um dano ambiental pode atingir.

Assim, cada vez mais são assinados tratados e convenções que estabelecem a responsabilidade objetiva dos Estados por danos causados em razão do exercício de determinadas atividades que, por sua natureza, envolvem risco ambiental.

No sistema da responsabilidade objetiva, a reparação do dano prescinde de verificação do nexo causal entre ele e a atividade, pois o nexo já está estabelecido em tratado, fato que contribui para a celeridade da reparação.

Nesse sistema, encontra-se delimitado o que será considerado dano, e a responsabilidade é canalizada na pessoa de um causador, o que vale dizer que o autor do dano também é claramente definido.

Além disso, como visto, o tratado pode prever tetos para a indenização e a obrigatoriedade de contratação de seguro, instrumentos que, além de garantirem a efetiva reparação do dano, contribuem para amenizar o problema da determinação do valor da reparação em matéria de dano ambiental, situação que, como vimos no decorrer deste trabalho, mostra-se extremamente complexa, dados as características próprias do dano ambiental e o fato de o meio ambiente possuir um valor intrínseco, não relacionado diretamente à utilidade a ele dada pelo homem.

Por fim, nas palavras de Guido Fernando Silva Soares,[243] o sistema da responsabilidade objetiva consagra a *socialização do risco* ao obrigar os Estados a estabelecerem fundos oficiais para cobertura dos danos não reparados pelos seguros privados.

A definição clara do dano, de seu causador e do teto indenizatório é um meio de afastar as dúvidas relativas à responsabilização que, em função da natureza do dano ambiental, surgem quando se aplica o sistema da responsabilidade subjetiva.

Além disso, por tornar mais célere e efetiva a reparação do dano, o sistema da responsabilidade objetiva coaduna-se com o princípio 13 da Declaração do Rio de Janeiro sobre Meio Ambiente e Desenvolvimento, segundo o qual

> Os Estados deverão elaborar legislação nacional relativa à responsabilidade civil e à compensação das vítimas da poluição e de outros prejuízos ambientais. Os Estados deverão também cooperar de um modo expedito e mais determinado na elaboração de legislação internacional adicional relativa à responsabilidade civil e compensação por efeitos adversos causados por danos ambientais em áreas fora de sua jurisdição, e causados por atividades levadas a efeito dentro da área de sua jurisdição de controle.

Como visto, grande parte dos danos ao meio ambiente é causada por atividades lícitas mas que, por sua natureza, acarretam risco ao meio ambiente.

Tais atividades são prestadas, no mais das vezes, por entes privados, e, dessa forma, o fato de existirem tratados multilaterais assegurando tetos indenizatórios, indicando objetivamente o autor do dano, e facilitando os meios de se obter a

243. *A proteção internacional do meio ambiente*, cit., p. 162.

reparação, é, sem dúvida, um instrumento de segurança nas relações comerciais que se estabelecem entre pessoas de Estados diversos.

No que concerne à responsabilidade chamada subjetiva, embora se tenha afirmado que ainda há espaço para ela em questões ambientais, não é a que melhor se coaduna com os princípios expostos nas Declarações de Estocolmo e do Rio de Janeiro, pois dificulta a responsabilização do Estado, na medida em que se faz necessária a aferição da culpa.

Quanto à possibilidade de admissão de excludentes de ilicitude, nem todas, a nosso ver, são aplicáveis às questões ambientais, principalmente levando-se em conta as características específicas do dano ambiental supraexplicitadas e o fato de o meio ambiente ser considerado um direito humano de terceira geração.

A tendência atual, que se extrai inclusive do Draft da Comissão de Direito Internacional da ONU sobre responsabilidade internacional do Estado por ato ilícito, é eliminar o elemento *culpa* para aferição da responsabilidade. O projeto da Comissão apenas estabelece nexo de causalidade entre o evento danoso e a ação ou omissão do Estado, mas ele ainda pende de assinaturas, não sendo dotado de obrigatoriedade.

O elemento culpa, portanto, ainda tem sido utilizado quando se trata de responsabilidade por ato ilícito, desempenhando papel importante em certos contextos, por exemplo, quando o ato é praticado por particulares que não representam o Estado nem agem em nome dele, situação em que a responsabilização do Estado dependerá da verificação de sua omissão em prevenir ou impedir a prática do ato.

No que toca à necessidade de configuração do dano para caracterização do ato ilícito e responsabilização do Estado, entendemos que é possível a responsabilização quando o dano é simplesmente moral, situação que está abarcada pelo projeto da Comissão de Direito Internacional da ONU, no qual o ilícito está configurado pela violação de uma obrigação internacional.

Cabe aqui responder à pergunta formulada na introdução do trabalho. Se o ilícito é constituído pela violação de uma obrigação internacional, o descumprimento de *soft law* acarreta responsabilização do Estado?

A nosso ver, a *soft law* é norma jurídica de conteúdo programático, e tem caráter jurídico, não sendo constituída tão somente de deveres morais ou políticos, o que implica adequação do ordenamento interno e das políticas públicas às disposições lá constantes. Dessa forma, seu descumprimento pode gerar a responsabilização do Estado se, no caso concreto, reste constatado que houve a desconsideração deliberada do compromisso lá contido.

Concluímos ainda que, embora seja difícil a comprovação do abuso de direito, é possível a responsabilização internacional nesta hipótese, pois, considerando-se que aos Estados é assegurada a exploração de seus recursos com vistas ao desenvolvimento, o uso abusivo desse direito pode causar danos ao meio ambiente.

Uma vez configurada a responsabilidade, a reparação do dano ambiental deve ser eficaz, priorizando-se a restituição integral, de forma que o meio ambiente degradado retorne ao estado em que se encontrava antes da ocorrência do dano. Embora nem sempre seja possível, é essa a reparação que melhor atende ao dever de preservação ambiental. De importante contribuição para o meio ambiente é também a cessação do comportamento ilícito, pois atende ao objetivo de prevenção de novos danos. A compensação pecuniária, por sua vez, somente deve ser utilizada caso não se consiga restaurar o meio ambiente degradado, já que o objetivo máximo da reparação, tratando-se de direito ambiental, é a restituição do ambiente lesado à situação existente anteriormente à degradação.

Nem sempre, entretanto, as espécies de reparação são aplicadas isoladamente. Pode-se, por exemplo, obter a restituição *in natura* e compensar pecuniariamente a parte do meio ambiente cuja reconstrução tornou-se impossível. Nesse caso, a doutrina depara com o problema da avaliação do dano.

Não existem critérios definidos no direito interno e no direito internacional para mensuração do dano ambiental. Em vista do valor intrínseco do meio ambiente, que não pode ser avaliado tão somente por sua utilidade à espécie humana, torna-se difícil a estipulação de parâmetros para avaliação do dano. Somos da opinião de que critérios estabelecidos pela jurisprudência e doutrina no âmbito do direito interno, como preço de mercado, diferencial de produtividade e perda de ganhos, podem ser utilizados e combinados no plano internacional para que se chegue à mais justa indenização pelo dano ao meio ambiente.

Por fim, no que toca às decisões da Organização Mundial do Comércio que envolvem matéria ambiental, somos da opinião de que, em que pese constar do preâmbulo dos seus atos constitutivos que a instituição atuará em favor do desenvolvimento sustentável, e ter sido instituído, em seu quadro, o Comitê de Comércio e Meio Ambiente, trata-se de organização voltada à regulação do comércio internacional, e a matéria ambiental será sempre tratada como uma das exceções ao livre comércio.

Concluímos, assim, que o fortalecimento do instituto da responsabilidade, especialmente com o desenvolvimento da responsabilidade objetiva no campo do direito ambiental, é um meio eficaz de assegurar que a reparação do dano esteja voltada, principalmente, à recuperação do meio ambiente lesado e não à proteção de mercados ou de determinados setores da economia.

REFERÊNCIAS

ACCIOLY, Hildebrando. Principes généraux de la responsabilité internationale d'après la doctrine et la jurisprudence. *Recueil des Cours de l'Academie de Droit International de La Haye*, n. 96, p. 349-441, 1959.

AGO, Roberto. Le délit international. *Recueil des Cours de l'Academie de Droit International de La Haye*, n. 68, p. 419-554, 1939, v. 68 – (1939 – II).

AMARAL JÚNIOR, Alberto do (Org.). *Direito internacional e desenvolvimento.* Barueri: Manole, 2005.

AMARAL, Renata Campeti. *Direito internacional e desenvolvimento.* 3. ed. Porto Alegre: Verbo Jurídico, 2007.

ANZILOTTI, Dionísio. *Cours de droit international.* Traduction française d'après la troisième édition italienne, revue et mise au courant par l'auteur, par Gilbert Gidel. Paris: Librairie de Recueil Sirey, 1929 *(Premier Volume: Introduction – Théories Générales).*

ARAÚJO, Luis Ivani de Amorim. *Curso de direito internacional público.* Edição revista e atualizada por Maria Yvette Sampaio Araújo. 4. ed. rev. e atual. Rio de Janeiro: Forense, 1984.

BROWNLIE, Ian. *Principles of public international law.* 4. ed. Oxford: Clarendon Press, 1990.

CHIODI, Giovanna Bonaghamba; APPOLINÁRIO, Uliane Assumpta; MARTINEZ, Willian de Campos. Desenvolvimento sustentável e comércio internacional. In: DALLARI, Pedro Bohomoletz de Abreu (Org.). *Temas contemporâneos de relações internacionais.* Estudos elaborados por alunos da primeira turma (2005) do Curso de Bacharelado em Relações Internacionais da Universidade de São Paulo. São Paulo: Aduaneiras, 2006. p. 280-306.

CORRÊA, Leonilda Beatriz Campos Gonçalves. *Comércio e meio ambiente*: atuação diplomática brasileira em relação ao selo verde. Brasília: Instituto Rio Branco/ Fundação Alexandre Gusmão/Centro de Estudos Estratégicos, 1998.

DEL'OLMO, Florisbal de Souza. A responsabilidade internacional do Estado: breves considerações e perspectivas. *Revista Forense*, v. 361, p. 29-40, maio/jun. 2002.

_______. *Curso de direito internacional público.* 3. ed. Rio de Janeiro: Forense, 2008.

DESTEFENNI, Marcos. *A responsabilidade civil ambiental e as formas de reparação do dano ambiental:* aspectos teóricos e práticos. Campinas: Bookseller, 2005.

DINH, Nguyen Quoc; DAILLIER, Patrick; PELLET, Alain. *Direito internacional público.* Trad. Vítor Marques Coelho. 2. ed. Lisboa: Fundação Calouste Gulbenkian, 2003.

FIGUEIREDO, Leonardo Vizeu. *Direito econômico.* São Paulo: MP, 2006.

GÓMEZ, Luis Lorenzo Herrera. Los derechos humanos y el derecho a un médio ambiente sano en México. In: BENJAMIN, Antônio Herman (Org.). *Direitos humanos e meio ambiente.* Human rights and the environment. 10º Congresso Internacional de Direito Ambiental. São Paulo: Imprensa Oficial do Estado, 2006. v. 1.

GROTIUS, Hugo. *O direito da guerra e da paz.* Trad. Ciro Mioranza. Ijuí: Editora Unijuí, 2004. v.1 e 2.

HUSEK, Carlos Roberto. *Elementos de direito internacional público.* São Paulo: Malheiros, 1995.

_______. *Curso de direito internacional público.* 8. ed. São Paulo: LTr, 2008.

JACKSON, John H. *Sovereignty, the WTO and changing fundamentals of international law.* Cambridge: Cambridge University Press, 2006.

KELSEN, Hans. *Teoria pura do direito.* Tradução de João Baptista Machado. Revisão para edição brasileira de Silva Vieira. 2. ed. São Paulo: Martins Fontes, 1987.

KISS, Alexandre. *Droit international de l'environnement.* Paris: Pedone, 1989.

L. OPPENHEIM, M. A. *International law.* 7. ed. London/New York/Toronto: Edited by H. Lauterpacht, M.A., LL. D. Longmans, Green and Co., 1948. v. I – Peace.

MAGALHÃES, José Carlos. *Direito econômico internacional:* tendências e perspectivas. Curitiba: Juruá, 2005.

_______. *O Supremo Tribunal Federal e o direito internacional:* uma análise crítica. Porto Alegre: Livraria do Advogado, 2000.

MALANCZUK, Peter. *Akehurst's modern introduction to international law.* 7. ed. rev. Nova York: Routledge, 2004.

MAROTTA RANGEL, Vicente. *Direito e relações internacionais.* 8. ed., rev., atual. e ampl. São Paulo: RT, 2005.

MAZZUOLI, Valério de Oliveira. A proteção internacional dos direitos humanos e o direito internacional do meio ambiente. *Revista de Direito Ambiental,* São Paulo, RT, v. 34, ano 9, p. 97-123, abr./jun. 2004.

________. *Curso de direito internacional público.* 2. ed., rev., atual. e ampl. São Paulo: RT, 2007.

________. O Supremo Tribunal Federal e os conflitos entre tratados internacionais e leis internas. *Revista de Informação Legislativa*, Brasília, ano 39, n. 154, abr./jun. 2002.

MELLO, Celso D. de Albuquerque. *Direito internacional econômico.* Rio de Janeiro: Renovar, 1993.

MENEZES, Wagner (Coord.). *Direito internacional no cenário contemporâneo.* Curitiba: Juruá, 2003.

________. *Ordem Global e Transnormatividade.* Ijuí: Unijuí, 2005.

MILARÉ, Édis; COSTA JUNIOR, Paulo José da. *Direito penal ambiental:* comentários à Lei 9.605/98. Campinas: Millennium, 2002.

MORAES, Alexandre de. *Direito constitucional.* 15. ed. São Paulo: Atlas, 2004.

NASSER, Salem Hikmat. *Fontes e normas do direito internacional:* um estudo sobre a *soft law.* 2. ed. São Paulo: Atlas, 2006.

NASSER, Salem Hikmat; REI, Fernando (Org.). *Direito internacional do meio ambiente.* Ensaios em homenagem ao Prof. Guido Fernando Silva Soares. São Paulo: Atlas, 2006.

NUNES, Luiz Antonio Rizzatto. *Manual da monografia jurídica.* Como se faz: uma monografia, uma dissertação, uma tese. 6. ed., rev. e atual. São Paulo: Saraiva, 2008.

PARAÍSO, Maria Letícia de Souza. Metodologia de avaliação econômica dos recursos naturais. *Revista de Direito Ambiental*, São Paulo, RT, ano 2, n. 6, abr./jun. 1997.

PEREIRA, Luis Cezar Ramos. *Ensaio sobre a responsabilidade internacional do Estado e suas consequências no direito internacional*: a saga da responsabilidade internacional do Estado. São Paulo: LTr, 2000.

PIOVESAN, Flávia. *Direitos humanos e o direito constitucional internacional.* 9. ed. rev., ampl. e atual. São Paulo: Saraiva, 2008.

RAMOS, André de Carvalho. *Responsabilidade internacional por violação de direitos humanos*: seus elementos, a reparação devida e sanções possíveis – teoria e prática do direito internacional. Rio de Janeiro: Renovar, 2004.

REZEK, J. Francisco. *Direito internacional público*: curso elementar. 10. ed., rev. e atual. São Paulo: Saraiva, 2007.

RIOS, Aurélio Virgílio Veiga; DERANI, Cristiane. Princípios gerais do direito internacional ambiental. In: RIOS, Aurélio Virgílio Veiga; IRIGARAY, Carlos Teodoro Hugueney (Org.). *O direito e o desenvolvimento sustentável:* curso de direito ambiental. São Paulo: Peirópolis, 2005. 407 p.

RIOS, Aurélio Virgílio Veiga; IRIGARAY, Carlos Teodoro Hugueney (Org.). *O direito e o desenvolvimento sustentável:* curso de direito ambiental. São Paulo: Peirópolis, 2005. 407 p.

ROMI, Raphaël. A ponte do Rio Kwai: metáfora jurídica sobre a OMC e o meio ambiente. In: KISHI, Sandra Akemi Shimada; SILVA, Solange Teles da; SOARES, Inês Virgínia Prado (Org.). *Desafios do direito ambiental no século XXI:* estudos em homenagem a Paulo Affonso Leme Machado. São Paulo: Malheiros, 2006.

SEVERINO, Antônio Joaquim. *Metodologia do trabalho científico.* 20. ed., rev. e ampl. São Paulo: Cortez, 1996.

SILVA, G. E. do Nascimento; ACCIOLY, Hildebrando. *Manual de direito internacional público.* 15. ed., rev. e atual. por Paulo Borba Casella. São Paulo: Saraiva, 2002.

SILVA, Henry Iure de Paiva. Efeito das medidas ambientais no acesso a mercados: posição do Brasil na OMC. In: Congresso Internacional de Direito Ambiental, (11:2007:São Paulo, SP) – International Conference on Environmental Law. Meio ambiente e acesso à justiça: flora, reserva legal e APP = environment and access to justice/ orgs. Antonio Herman Benjamin, Eladio Lecey, Sílvia Cappelli – São Paulo: Imprensa Oficial do Estado de São Paulo, 2007. 3v.

SOARES, Guido Fernando Silva. *A proteção internacional do meio ambiente.* Barueri: Manole, 2003.

________. *Direito internacional do meio ambiente:* emergência, obrigações e responsabilidades. São Paulo: Atlas, 2001.

SOUZA PEREIRA, Vanessa. A responsabilidade internacional dos Estados como tutela da proteção internacional do meio ambiente. *Boletim Semanal* 11 – ADV – Advocacia Dinâmica.

STEIFUNS, Ricardo; VENTURA, Deisy. *Direito internacional público.* 4. ed. Porto Alegre: Livraria do Advogado, 2006.

TORRES, Beatriz Silva. Evaluación del daño ambiental: perspectiva internacional. In: Congresso Internacional de Direito Ambiental, 10:2006: São Paulo, SP – International Conference on Environmental Law. *Direitos humanos e meio ambiente* = Human rights and the environment/ Org. Antonio Herman Benjamin – São Paulo: Imprensa Oficial do Estado de São Paulo, 2006. 2 v., p. 367-384.

TRIEPEL, Heinrich. *Droit international et droit interne.* Tradução de René Brunet. Paris: Pédone, 1920.

TRINDADE, Antônio Augusto Cançado. *Direitos humanos e meio ambiente*: paralelo dos sistemas de proteção internacional. Porto Alegre: Fabris, 1993.

________. *O direito internacional em um mundo em transformação*: ensaios, 1976-2001. Rio de Janeiro: Renovar, 2002.

ACESSOS À INTERNET

AGO, Roberto. *Second report on State responsibility:* the origin of the international responsibility, document A/cn.4/233. Extract from the Yearbook of the International Law Commission – 1970, v. II. Downloaded from the web site of the International Law Commission: <http://www.un.org/law/ilc/index.htm)>. United Nations.

ALBUQUERQUE, Fabíola Santos. *A responsabilidade civil e o princípio do poluidor-pagador.* Disponível em: <https://jus2.uol.com.br/doutrina/texto.asp?id=1964>. Acesso em: 23 jan. 2009.

ARANGIO-RUIZ, Gaetano. *Preliminary report on State responsibiliy:* document A/CN.4/416 & Corr.1 & 2 and Add.1 & Corr.1. Extract from the Yearbook of the International Law Commission – 1988, v. II (1). Downloaded from the web site of the International Law Commission: <http://www.un.org/law/ilc/index.htm>. United Nations.

BERTOLDI, Márcia Rodrigues. O direito humano a um meio ambiente equilibrado. *Jus Navigandi.* Disponível em: <http://jus2.uol.com.br/doutrina/texto.asp?id=1685>. Acesso em: 14 jan. 2009.

BROWNLIE, Ian. *International law and the use of force by States.* Oxford at the Clarendon Press, 1991. Disponível em: <http://www.untreaty.un.org/ilc/documentation/ english/a_cn4_570.p>. Acesso em: 13 ago. 2008.

CORTE PERMANENTE DE JUSTIÇA INTERNACIONAL. *Case concerning the factory at Chorzow,* P.C.I.J. Série A, julgamento de 13 de setembro de 1928. Disponível em: <http://www.icj-cij.org/pcij/série_A/A_17/54_Usine_de_ Chorzow_Fond_ Arret.pdf>. Acesso em: 24 out. 2008.

CORTE INTERNACIONAL DE JUSTIÇA. *The Corfu Channel Case.* Disponível em: <http://www.icj-cij.org/docket/files/1/1645.pdf.> Acesso em: 17 set. 2009.

CORTE INTERNACIONAL DE JUSTIÇA. *Nuclear Tests Case. (Australia vs France).* Disponível em: <http://www.icj-cij.org/docket/files/58/6093.pfg.> Acesso em: 11 set. 2009.

CORTE INTERNACIONAL DE JUSTIÇA. *Interhandel Case (Switzerland v. United States of America) (Preliminary objections).* Disponível em: http://www.icj-cij.org/docket/files/34/2297.pdf>. Acesso em: 05 out. 2009.

CORTE INTERNACIONAL DE JUSTIÇA. *Nottebohm Case (Liechtenstein v. Guatemala). Second phase.* Disponível em http://www.icj-cij.org/docket/files/18/2674.pdf>. Acesso em: 05 out. 2009.

CORTE INTERNACIONAL DE JUSTIÇA. *Ecuador institutes proceedings against Colombia with regard to a dispute concerning the alleged aerial spraying by Colombia of toxic herbicides over Ecuadorian territory.* Disponível em: <http://www.icj-cij.org/docket/files/138/14470.pdf> Acesso em: 10 set. 2009.

CORTE INTERNACIONAL DE JUSTIÇA. *Pulp Mills on the River Uruguay (Argentina v. Uruguay). The Court finds that the circumstances, as they now present themselves to it, are not such as to require the exercice of its power to indicate provisional measures.* Disponível em: <http:// www. icj-cij.org/docket/index.php?pr=1891&p1=3&p2=1&case=135&p3=6>. Acesso em: 05 out. 2009.

DA COSTA, Ricardo. *A questão palestina e o Estado de Israel.* Disponível em: <http://www.ricardocosta.com/pub/palestina.htm>. Acesso em: 11 ago. 2008.

FONTOURA, Jorge. *A iminência jurídica da OMC. Revista de Informação legislativa.* Brasília a. 38 n. 153, jan./mar./2002. Disponível em <http://www.senado.gov.br/web/cegraf/ril/Pdf/pdf_153/R153-04.pdf>. Acesso em: 11 nov. 2009.

FUENTES, Liége; VILLELA, Ricardo. A mancha da impunidade. *Revista Veja,* ed. 1.659, 26 jul. 2000. Disponível em: <http://veja.abril.com.br/260700/p_110.html>. Acesso em: 12 jan. 2009.

GAZETA ON LINE. Brasil não conseguiu negociar no Mercosul regime comum de comércio para pneus remoldados. Disponível em: <http://gazetaonline.globo.com/_conteudo/2008/12/41329-brasil+nao+ conseguiu+nego>. Acesso em: 12 jan. 2009.

GERAQUE, Eduardo. Obra do PAC tropeça na mata atlântica. *Folha On Line.* Disponível em: <http://www.1.folha.uol.com.br/folha/ciencia/ult306u468236.shtml>. Acesso em: 16 nov. 2008.

ICTSD. Hannes Schloemann. *International Centre for Trade and Sustainable Development.* Pontes. Volume 4. Número 1, fevereiro de 2008. Caso dos pneus: o artigo XX do GATT deixa espaço para políticas nacionais? Disponível em: <http://ictsd.net/i/news/10602/>. Acesso em: 17 jan. 2009.

LAFER, Celso. OMC: a decisão sobre pneus reformados. *O Estado de S. Paulo.* Disponível em: <http://www.estado.com.br/editorias/2008/01/20/opi-1.93.29.2008>. Acesso em: 17 jan. 2009.

MORE, Rodrigo Fernandes. *A ordem legal internacional e a regra de primazia do direito internacional*: a posição do Supremo Tribunal Federal. Disponível em: <http://jus2.uol.com.br/doutrina/texto.asp?id=2957>. Acesso em: 23 ago. 2008.

ORGANIZAÇÃO DAS NAÇÕES UNIDAS (ONU). *Draft Articles on Prevention of Transboundary Harm from Hazardous Activities, with Commentaries*, 2001. Disponível em: <http://www.un.org/law/ilc/texts/instruments/english/commentaries/ 9_7_2001.pdf>. Acesso em: 23 ago. 2008.

ORGANIZAÇÃO DAS NAÇÕES UNIDAS (ONU). *International Law Commission. Responsibility of States for Internationally Wrongful Acts, with Commentaries,* 2001. Disponível em: <http://www.un.org/law/ilc/texts/instruments/english/commentaries/ 9_6_2001.pdf>. Acesso em: 23 ago. 2008.

ORGANIZAÇÃO MUNDIAL DO COMÉRCIO (OMC). Brazil: measures affecting imports or retreaded tyres. *Report of the Appellate Body.* AB – 2007-4. WT/DS332/AB/R, 03/12/2007. Disponível em: <www.wto.org>. Acesso em: 12 jan. 2009.

ORGANIZAÇÃO MUNDIAL DO COMÉRCIO (OMC). United States – Import Prohibition of Certain Shrimp and Shrimp Products. Disponível em: <http://www.wto.org/english/tratop_e_dispu_e/cases_e/ds58_e.htm>. Acesso em : 16 set. 2009.

PORTAL ECODEBATE. *Cidadania e meio ambiente*: o crime dos seis salários mínimos. Disponível em: <http://www.ecodebate.com.br/2008/03/24/apos-8-anos-do-vazamento-de-oleo-da petr>. Acesso em: 12 jan. 2009.

QUENTIN-BAXTER, Robert Q. *Second report on international liability for injurious consequences arising out of acts not prohibited by international law*: document A/CN.4/346 and ADD.1 and 2. Yearbook of the International Law Commission, 1981, v. I. Disponível em: <http://untreaty.un.org/ilc/publications/yearbooks/1981.htm>. Acesso em: 25 ago. 2008.

ROCHA, Délcio. "Brasil limita importação de pneus do Mercosul para atender OMC". Acessível em http://www.ambienteemfoco.com.br/?p=5907. Fonte: Folha on line. Acesso em 09/11/2009.

ROESSING NETO, Ernesto. *Responsabilidade internacional dos Estados por dano ambiental:* o Brasil e a devastação amazônica. Disponível em: <http://jus2.uol.com.br/doutrina/texto.asp?id=8915&p=2>. Acesso em: 05 jun. 2008.

SOUZA, Christiane Laidler de. A Doutrina Drago e as relações entre as repúblicas americanas. Anais Eletrônicos do VIII Encontro Internacional da ANPHLAC. Vitória – 2008. ISBN – 978-85-61621-01-8. Disponível em <http://www.anphlac.org/periodicos/anais/encontro8/christiane_laidler.pdf>.

TESSLER, Marga Inge Barth. *O valor do dano ambiental.* Disponível em: <http://www.tjrs.gov.br/institu/c_estudos/doutrina/dano_ambiental_ufrgs_out_2004.pdf>. Acesso em: 21 ago. 2008.

WIKIPEDIA. *Acidente radiológico de Goiânia.* Disponível em: <http://pt.wikipedia.org/wiki/acidente_radioativo_de_Goiania#Repercus.C3.A3o_do_acidente>. Acesso em: 16 nov. 2008.

WIKIPEDIA. *Tratado Bryan-Chamorro.* Disponível em: <http:es.wikipedia.org/wiki/Tratado_Bryan-Chamorro>. Acesso em: 19 ago. 2008.

Qual(is) o(s) conteúdo(s) de seu interesse?

Jurídico - ☐ Livros Profissionais ☐ Livros Universitários ☐ OAB ☐ Teoria Geral e Filosofia do Direito

Educação & Referência - ☐ Comportamento ☐ Desenvolvimento Sustentável ☐ Dicionários e Enciclopédias ☐ Divulgação Científica ☐ Educação Familiar ☐ Finanças Pessoais ☐ Idiomas ☐ Interesse Geral ☐ Motivação ☐ Qualidade de Vida ☐ Sociedade e Política

Negócios - ☐ Administração/Gestão Empresarial ☐ Biografias ☐ Carreira e Liderança Empresariais ☐ E-Business ☐ Estratégia ☐ Light Business ☐ Marketing/Vendas ☐ RH/Gestão de Pessoas ☐ Tecnologia

Concursos - ☐ Administração Pública e Orçamento ☐ Ciências ☐ Contabilidade ☐ Dicas e Técnicas de Estudo ☐ Informática ☐ Jurídico Exatas ☐ Língua Estrangeira ☐ Língua Portuguesa ☐ Outros

Universitário - ☐ Administração ☐ Ciências Políticas ☐ Computação ☐ Comunicação ☐ Economia ☐ Engenharia ☐ Estatística ☐ Finanças ☐ Física ☐ História ☐ Psicologia ☐ Relações Internacionais ☐ Turismo

Áreas da Saúde - ☐ Anestesia ☐ Bioética ☐ Cardiologia ☐ Ciências Básicas ☐ Cirurgia ☐ Cirurgia Plástica ☐ Cirurgia Vascular e Endovascular ☐ Dermatologia ☐ Ecocardiologia ☐ Eletrocardiologia ☐ Emergência ☐ Enfermagem ☐ Fisioterapia ☐ Genética Médica ☐ Ginecologia e Obstetrícia ☐ Imunologia Clínica ☐ Medicina Baseada em Evidências ☐ Neurologia ☐ Odontologia ☐ Oftalmologia ☐ Ortopedia ☐ Pediatria ☐ Radiologia ☐ Terapia Intensiva ☐ Urologia ☐ Veterinária

Outras Áreas - ______________________________

Tem algum comentário sobre este livro que deseja compartilhar conosco?

____

Sistema CTcP,
impressão e acabamento
executados no parque gráfico da
Editora Santuário
www.editorasantuario.com.br - Aparecida-SP